DOOKOŁA ŚWIATA

Ilustrowany atlas świata dla dzieci

fk WYDAWNICTWO OLESIEJUK

NASZ ŚWIAT

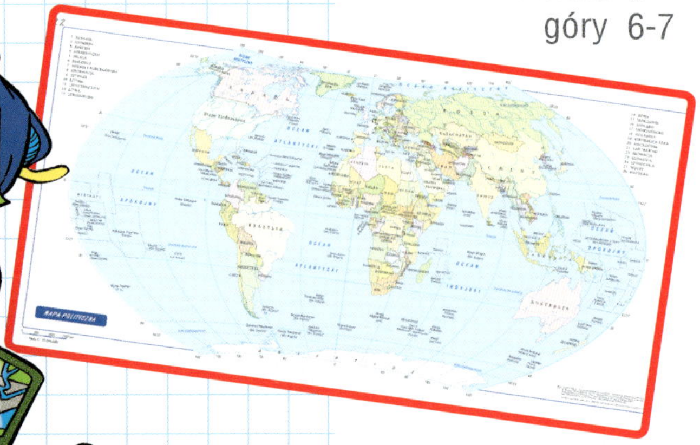

EUROPA

AZJA

Tytuł oryginału: Giro Giro Mondo
Przekład: Katarzyna Balińska

Via G. da Verrazano, 15 – 28100 Novara, Włochy
www.whitestar.it – www.deagostini.it

Wydawnictwo Olesiejuk, an imprint of Firma Księgarska Olesiejuk spółka z ograniczoną odpowiedzialnością Sp.j.

ISBN 978-83-274-0795-5

Firma Księgarska Olesiejuk spółka z ograniczoną odpowiedzialnością Sp.j.
05-850 Ożarów Mazowiecki
ul. Poznańska 91
wydawnictwo@olesiejuk. pl

Przygotowanie książki do druku: Espadon Publishing Sp. z o.o.

Druk: Perfekt S.A.

AFRYKA

AMERYKA PÓŁNOCNA

AMERYKA POŁUDNIOWA

AUSTRALIA I OCEANIA

WYKAZ NAZW

UKŁAD SŁONECZNY

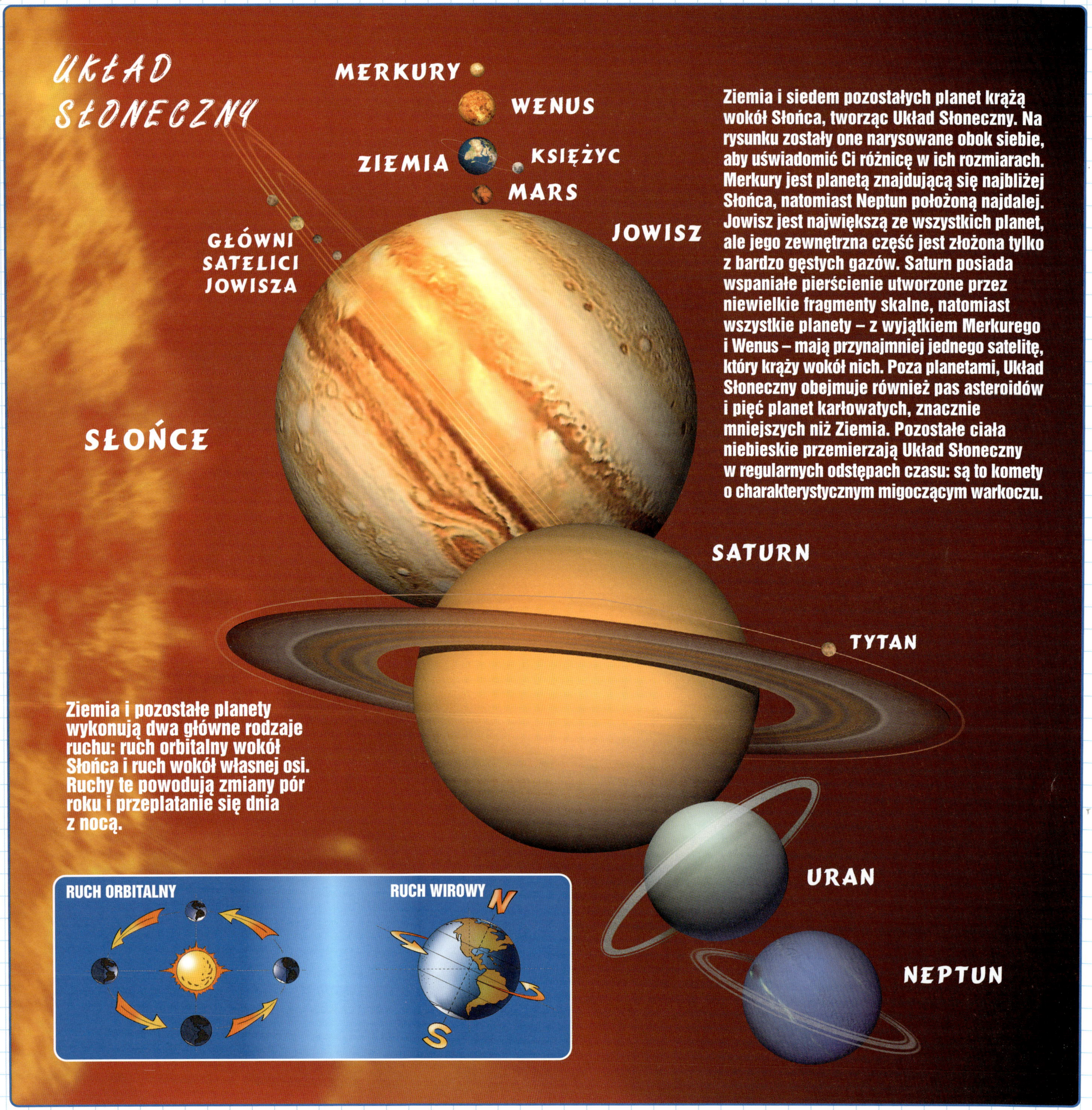

Ziemia i siedem pozostałych planet krążą wokół Słońca, tworząc Układ Słoneczny. Na rysunku zostały one narysowane obok siebie, aby uświadomić Ci różnicę w ich rozmiarach. Merkury jest planetą znajdującą się najbliżej Słońca, natomiast Neptun położoną najdalej. Jowisz jest największą ze wszystkich planet, ale jego zewnętrzna część jest złożona tylko z bardzo gęstych gazów. Saturn posiada wspaniałe pierścienie utworzone przez niewielkie fragmenty skalne, natomiast wszystkie planety – z wyjątkiem Merkurego i Wenus – mają przynajmniej jednego satelitę, który krąży wokół nich. Poza planetami, Układ Słoneczny obejmuje również pas asteroidów i pięć planet karłowatych, znacznie mniejszych niż Ziemia. Pozostałe ciała niebieskie przemierzają Układ Słoneczny w regularnych odstępach czasu: są to komety o charakterystycznym migoczącym warkoczu.

Ziemia i pozostałe planety wykonują dwa główne rodzaje ruchu: ruch orbitalny wokół Słońca i ruch wokół własnej osi. Ruchy te powodują zmiany pór roku i przeplatanie się dnia z nocą.

ZIEMIA

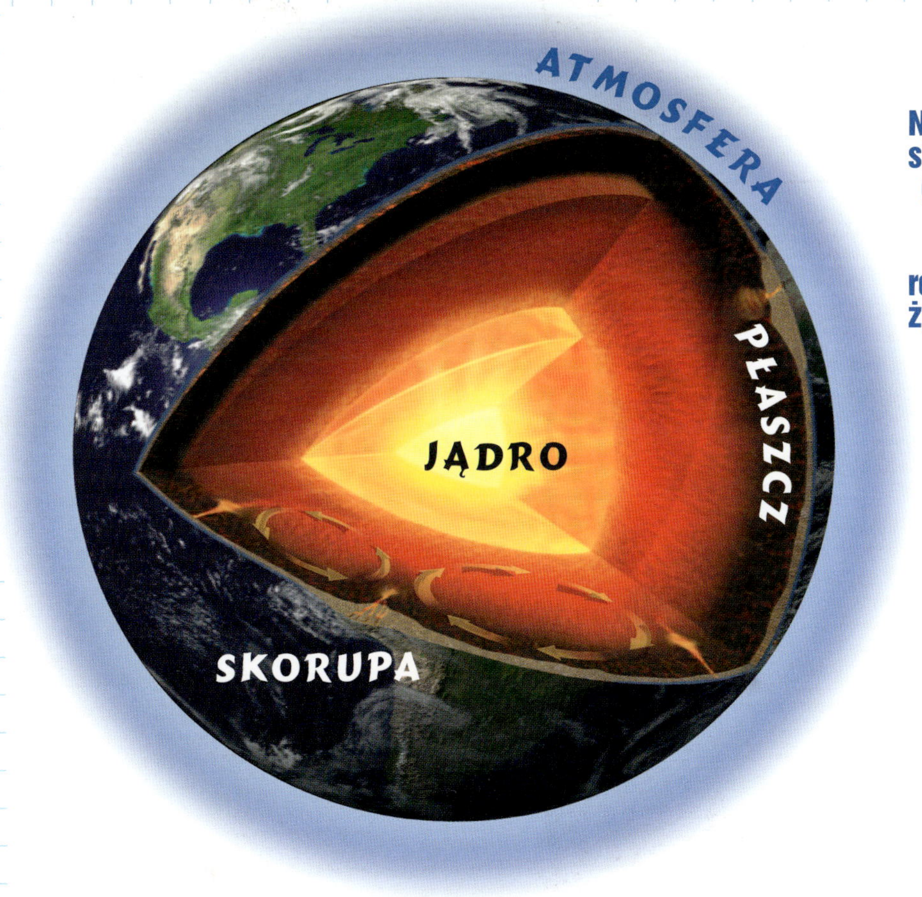

Nasza planeta, wraz z całym Układem Słonecznym, ukształtowała się 4 i pół miliarda lat temu i początkowo stanowiła kulę bardzo gorącej materii. Wraz z upływem czasu, zewnętrzna jej część (skorupa) ochłodziła się i utwardziła, ale w jej wnętrzu nadal kryje się wrzący stop żelaza i niklu, nazywany jądrem, oraz rozpuszczone skały (magma), które tworzą płaszcz. My natomiast żyjemy na skorupie, mając kontakt z powłoką gazową powietrza, która otacza Ziemię. Ma ona grubość kilkunastu kilometrów i pozwala nam oddychać: powłoka ta nosi nazwę atmosfery.

Magma, która jest zamknięta we wnętrzu Ziemi, wydostaje się na jej powierzchnię w trakcie erupcji wulkanicznych. Na naszej planecie istnieją liczne wulkany, które składają się z przewodu łączącego podziemny zbiornik z magmą z punktem ujścia, zwanym kraterem. Bardzo często krater znajduje się na wierzchołku góry w kształcie stożka, która została utworzona przez wcześniejsze erupcje.

Skorupa ziemska i atmosfera umożliwiają życie na Ziemi. Jednym z najważniejszych zjawisk jest zjawisko cyklu wody (cyklu hydrologicznego). W cyklu tym, padający deszcz zasila rzeki, wypełnia jeziora, użyźnia glebę; gdy dotrze do morza, dzięki parowaniu, woda wraca do atmosfery w postaci chmur, które ponownie rozpoczynają cały cykl. Połączenie tych wszystkich elementów charakteryzuje różne środowiska występujące na Ziemi.

GÓRY

Tereny, które znajdują się powyżej 600 metrów nad poziomem morza, nazywane są górami. Środowisko, które tworzą jest niezwykle zróżnicowane: szczyty górskie są pokryte śniegiem przez cały rok i niezamieszkałe, stoki są porośnięte dużą ilością krzewów i drzew (w niższych partiach), zwłaszcza w dolinach. Dzikich zwierząt jest sporo, ale trudno je zobaczyć. Na halach żyją pasterze wraz ze swoimi zwierzętami hodowlanymi, natomiast w dolinach biegną drogi i powstają miasteczka.

SZCZYT
LODOWIEC
TRASA NARCIARSKA
LAWINA
DOLINA

Obszary płaskie, na wysokości między 200 a 300 metrami nad poziomem morza, nazywane są nizinami. Jest to miejsce najbardziej sprzyjające rolnictwu, budowie dróg i miast. W dalekiej przeszłości niziny były pokryte lasami i zamieszkiwane przez liczne zwierzęta. W dzisiejszych czasach, lasy zostały w większości wycięte, aby zrobić miejsce dla produkcji rolnej, a dzika roślinność jest obecnie spotykana głównie wzdłuż rzek i w parkach przyrody.

GOSPODARSTWO
RZEKA

RZEKA

Rzeka jest stałym ciekiem wodnym, to znaczy takim, który utrzymuje w miarę stały przepływ podczas całego roku. Jej źródło znajduje się przeważnie w górach i jest zasilane przez wody z topniejących lodowców lub śniegów. W miejscach, gdzie rzeka napotyka na duże różnice w wysokości terenu, tworzą się wodospady, natomiast tam, gdzie woda zalewa zagłębienia, powstają jeziora. Za pomocą tam, człowiek tworzy sztuczne jeziora (zalewy), by produkować prąd.

ZALEW
TAMA
DOPŁYW
UJŚCIE
MORZE

MORZE I WYBRZEŻE

Oceany i morza zajmują prawie trzy czwarte powierzchni Ziemi, a zatem istotnie wpływają na jej klimat. Człowiek przemierza je przede wszystkim w celu przetransportowania towarów z jednej części świata na drugą. Na wybrzeżu ludzie założyli wielkie miasta i zbudowali porty, z których wypływają statki i kutry rybackie. Morza w obszarach ciepłych i o umiarkowanym klimacie co roku odwiedzają miliony turystów, którzy korzystają z uroków plaży i z przystani, z których wypływają żaglówki i statki wycieczkowe.

PRZYSTAŃ
ZATOKA
KANAŁ
URОZMAICONA
LINIA
BRZEGOWA
LAGUNA
PORT

MIASTO
STARE MIASTO
BIURA
DZIELNICA MIESZKANIOWA
SZKOŁA
PRZYSTANEK AUTOBUSOWY

Miasto jest środowiskiem utworzonym przez człowieka, które z biegiem czasu zmieniało swoje oblicze. W dalekiej przeszłości miasta znajdowały się za wysokimi murami, które miały za zadanie bronić ich przed wrogami. Obecnie są one otwarte i podzielone na dzielnice: jest dzielnica mieszkaniowa, gdzie znajdują się budynki mieszkalne, strefa przemysłowa oraz biurowa, gdzie się pracuje, a poza tym ogrody miejskie przeznaczone do zabawy. Wszystkie miasta są połączone gęstą siecią asfaltowych dróg, przemierzanych przez liczne samochody.

KULA ZIEMSKA I SIATKA GEOGRAFICZNA

Planeta, na której żyjemy, Ziemia, ma kształt kuli i człowiek musiał wymyślić sposób na określanie na jej powierzchni położenia danego miejsca. Aby stworzyć atlas (na przykład taki jak ten) i narysować wszystkie mapy, które zawiera, kartografowie podzielili powierzchnię Ziemi licznymi liniami poziomymi i pionowymi, które się przecinają, tworząc niewidoczną sieć zwaną siatką geograficzną.
Linie pionowe, to znaczy te, które łączą dwa bieguny, zwane są południkami. Linie poziome tworzą równoległe kręgi i nazywane są równoleżnikami.

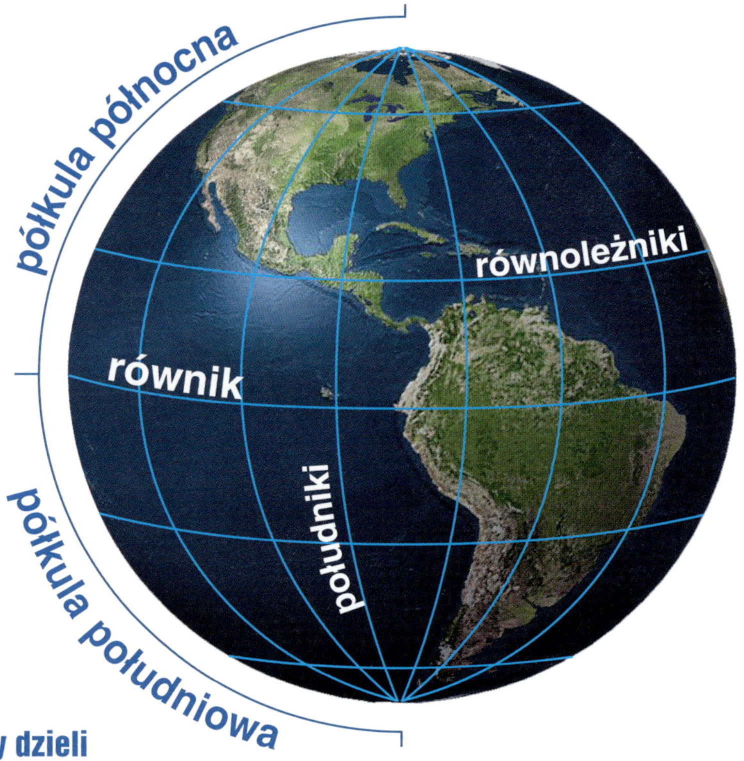

Siatka geograficzna

Równoleżnik, który dzieli Ziemię na dwie równe części (półkulę północną na północy i półkulę południową na południu) nazywa się równikiem.

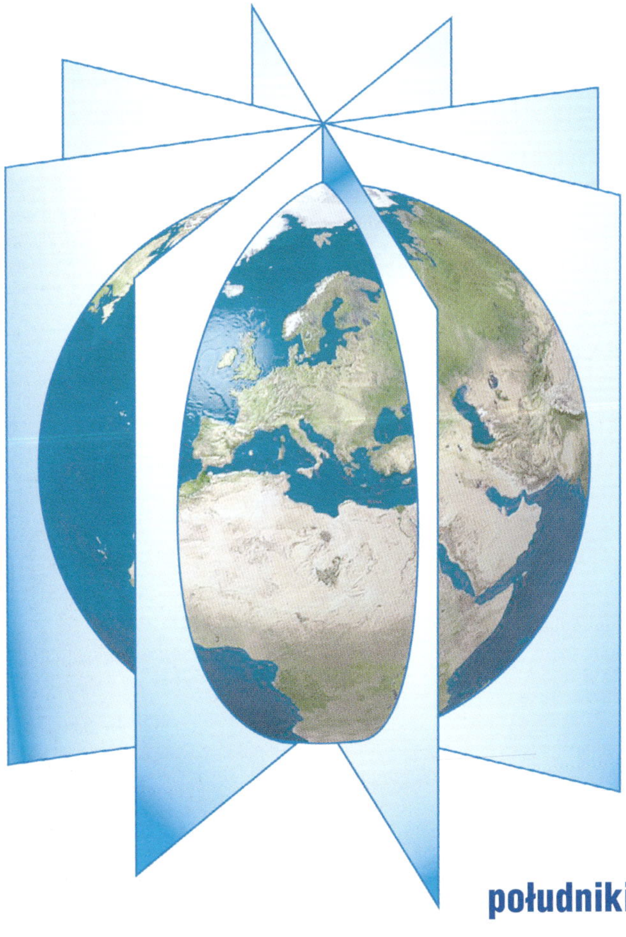

południki

równoleżniki

OKREŚLANIE POŁOŻENIA

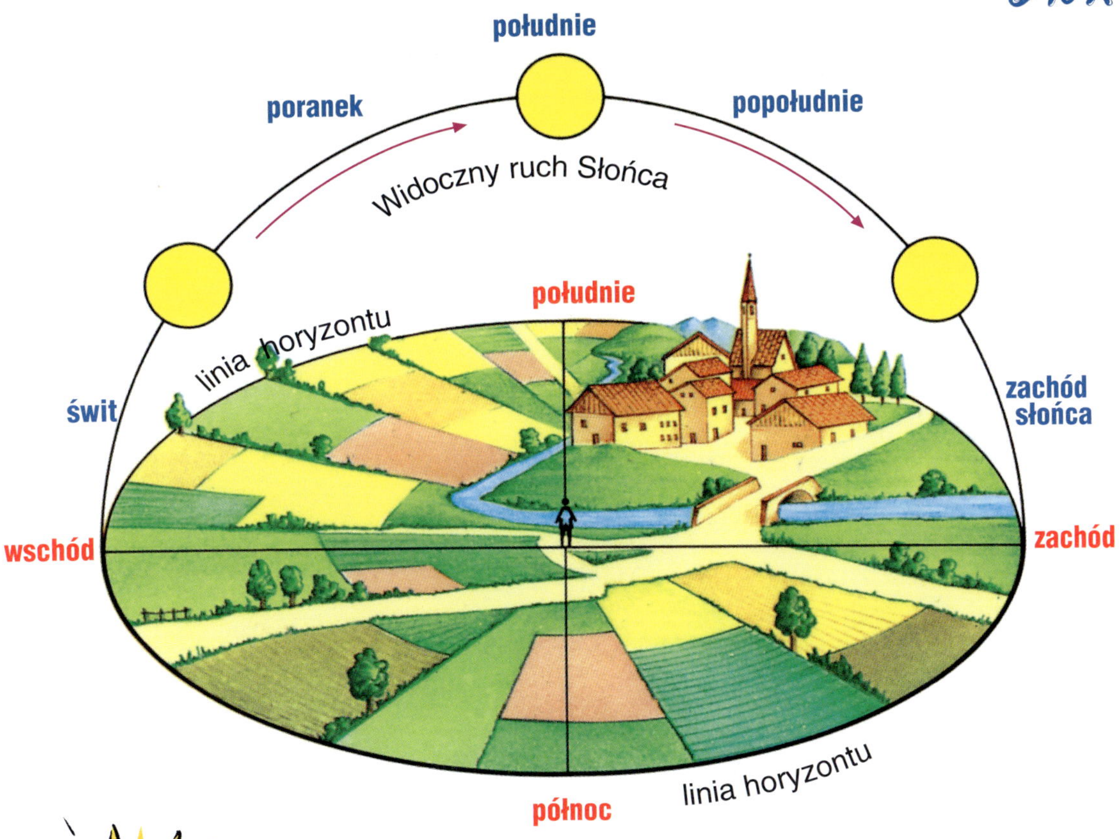

Zanim rozpoczniemy naukę czytania mapy, musimy dowiedzieć się, w jaki sposób możemy zorientować się gdzie jesteśmy. W dzisiejszych czasach istnieją nowoczesne przyrządy, np. nawigacja satelitarna, ale by używać ich we właściwy sposób, należy dobrze poznać podstawowe zasady określania położenia. Aby określić kierunki świata, przyda nam się kompas, który jest najstarszym przyrządem nawigacyjnymi.
Kompas jest podobny do tarczy zegarka, ale w miejscu wskazówek ma igłę magnetyczną, której jeden koniec ustawia się zawsze w kierunku północnym.
Kompas daje nam zatem pewność w kwestii określenia stron świata, ale istnieją również inne metody.

Każdego dnia słońce wykonuje taką samą wędrówkę po niebie: wschodzi na wschodzie i zachodzi na zachodzie, przechodząc przez południe dokładnie o godzinie 12. W tym momencie, stojąc twarzą w kierunku słońca i rozkładając ręce w linii prostej, będziesz miał wschód po lewej stronie i zachód po prawej. Jeśli nie ma chmur i masz zegarek ze wskazówkami, w dosyć prosty sposób możesz wskazać kierunki świata również w innych porach. Nakieruj wskazówkę godzinową na słońce, a wzrokiem wyznacz linię przebiegającą w połowie odległości pomiędzy wskazówką godzinową a punktem na tarczy zegarka, który wskazuje godzinę 12: linia ta wskaże ci południe.
Teraz, kiedy znasz podstawowe zasady wyznaczania kierunków świata, możesz pomóc rodzicom zaprogramować nawigację.

MAPY I POMNIEJSZANIE W SKALI

Po ustaleniu siatki geograficznej, kartograf musi zdecydować w jakiej skali narysować mapę. Skala wskazuje, ile razy zostały pomniejszone obiekty umieszczone na mapie w stosunku do tych rzeczywistych. Skalę wyznacza się przy pomocy dwóch liczb: pierwszą z nich jest zawsze 1 i oznacza rozmiar w rzeczywistości, druga liczba natomiast wskazuje, ile razy obiekt rzeczywisty został pomniejszony. Na przykład, jeśli na mapie znajdziesz informację, że jej skala wynosi 1:1000, co czytamy jako „jeden do tysiąca”, oznacza to, że wszystkie rzeczywiste obiekty zostały pomniejszone tysiąc razy. Bardzo często obok skali znajdziesz małą linijkę podzieloną na segmenty, które wskazują rzeczywiste miary. I tak, na naszym przykładzie, 1 centymetr na linijce odpowiada 1000 centymetrom w rzeczywistości, tzn. 10 metrom.
Czy to zbyt trudne? Nie bój się. Z czasem, za pomocą łatwych ćwiczeń szybko nauczysz się używać skali. Spójrz na przykład poniżej. Wybraliśmy przedmiot, który dobrze znasz: temperówkę. Pierwszy rysunek przedstawia ją taką, jaką jest w rzeczywistości. Na kolejnym obrazku, została ona pomniejszona, a skala wskazuje o ile.

1 CENTYMETR NA MAPIE ODPOWIADA
1 CENTYMETROWI W RZECZYWISTOŚCI

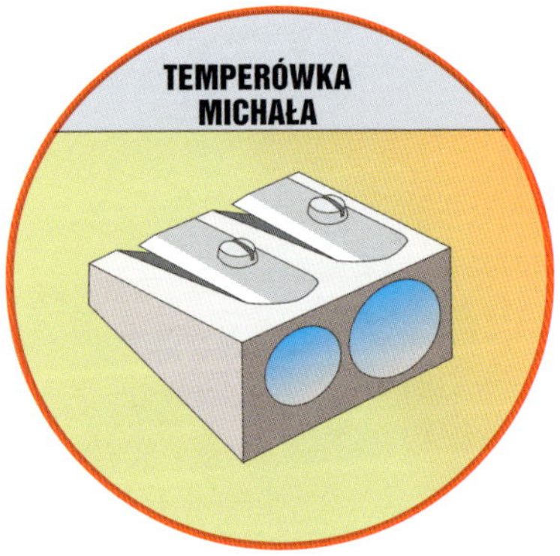

skala 1 : 1 — 0 1 2 cm

1 CENTYMETR NA MAPIE ODPOWIADA
2 CENTYMETROM W RZECZYWISTOŚCI

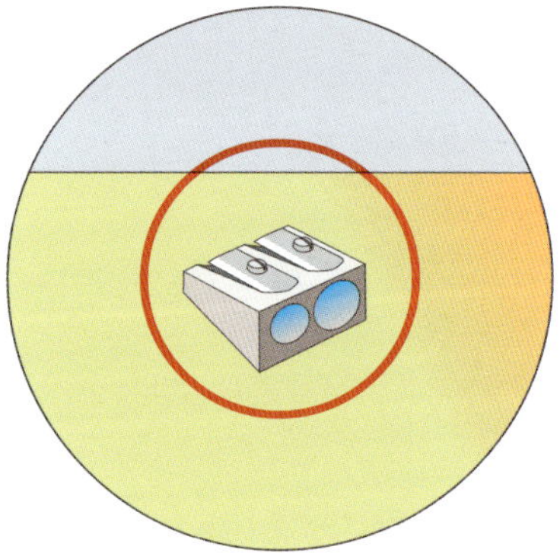

skala 1 : 2 — 0 2 4 cm

1 CENTYMETR NA MAPIE ODPOWIADA
10 CENTYMETROM W RZECZYWISTOŚCI

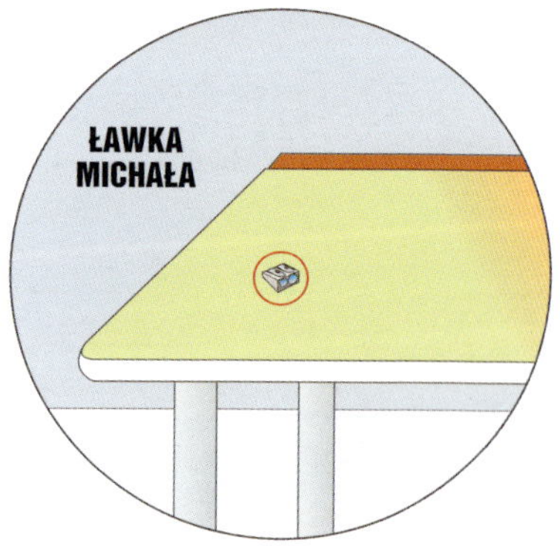

skala 1 : 10 — 0 10 20 cm

1 CENTYMETR NA MAPIE ODPOWIADA
20 CENTYMETROM W RZECZYWISTOŚCI

skala 1 : 20 — 0 20 40 cm

1 CENTYMETR NA MAPIE ODPOWIADA
100 CENTYMETROM W RZECZYWISTOŚCI

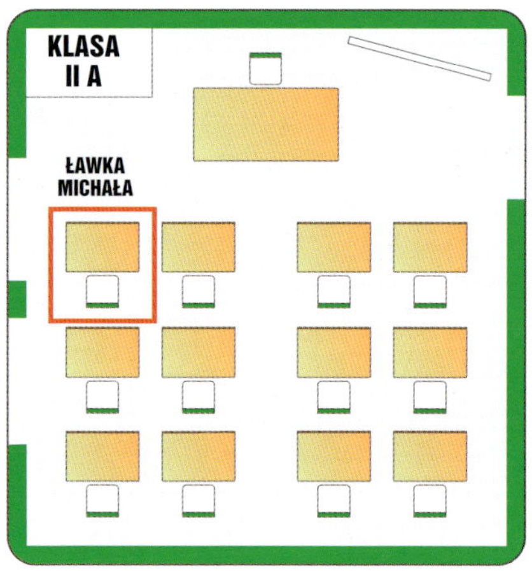

skala 1 : 100 — 0 1 2 m

1 CENTYMETR NA MAPIE ODPOWIADA
1000 CENTYMETROM W RZECZYWISTOŚCI

skala 1 : 1000 — 0 10 20 m

JAK CZYTAĆ MAPY?

Wiesz już, że mapy są pomniejszonym obrazem rzeczywistości, ale nie tylko! Mają także przekazywać jak najwięcej informacji – w tym celu korzystają z symboli. Na przykład, miasta oznaczone są kółkami, granice liniami, a wierzchołki gór są przedstawiane za pomocą punktów lub trójkącików. Na tej stronie znajdziesz legendę, to znaczy wyjaśnienie symboli użytych na mapach politycznych i fizycznych. Istnieją również mapy tematyczne, to znaczy takie, które dotyczą konkretnych kwestii (np. rolnictwa czy geologii) i zazwyczaj posiadają specjalną legendę.

MAPA POLITYCZNA

MAPA FIZYCZNA

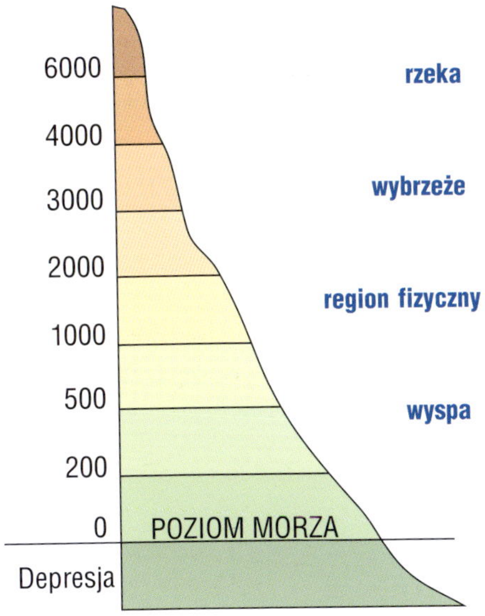

wysokość terenu (w metrach)

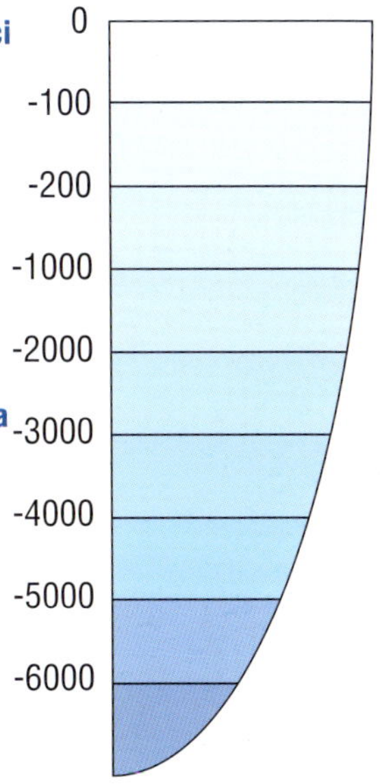

głębokość morza (w metrach)

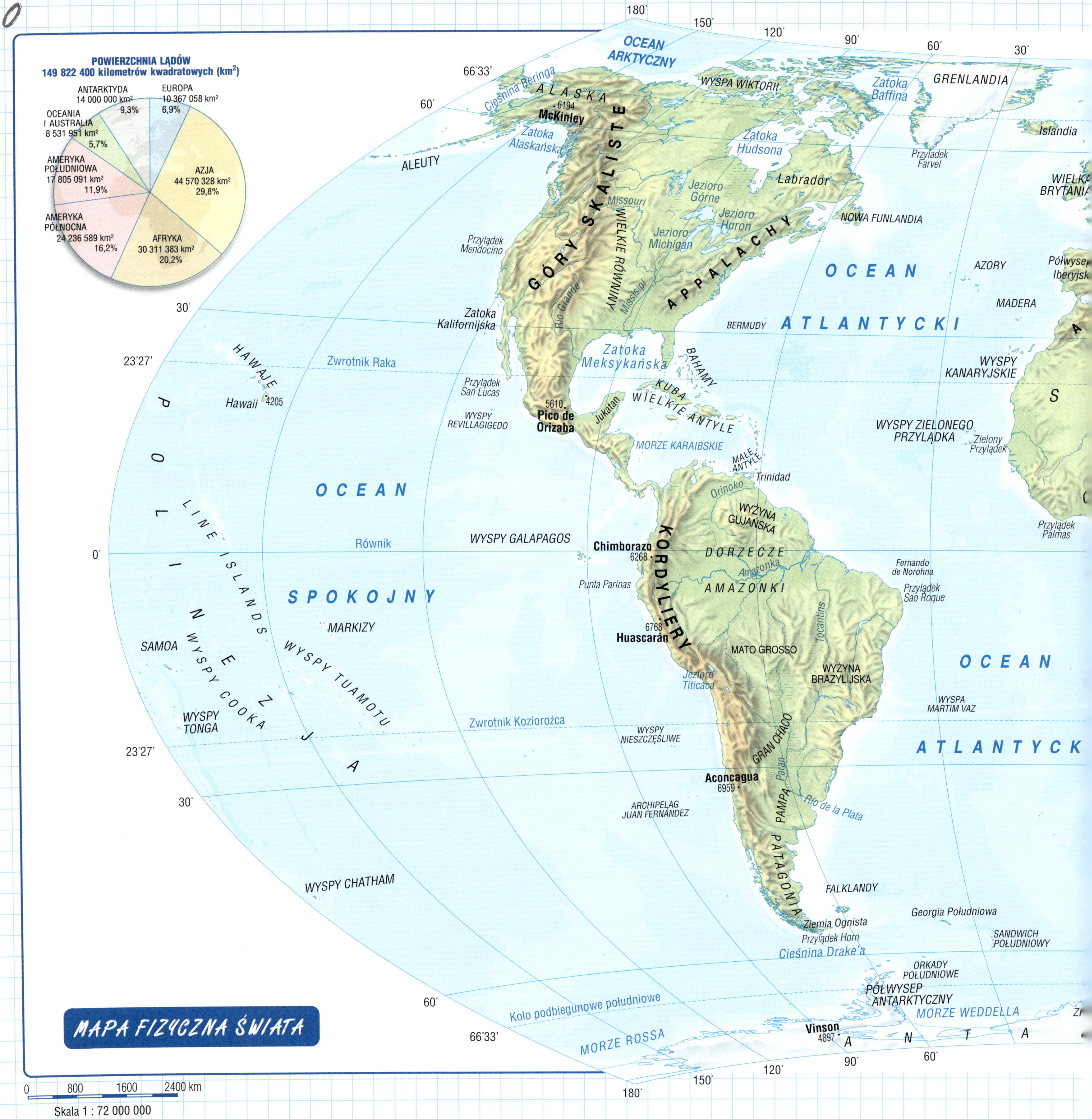

0 800 1600 2400 km

Skala 1 : 72 000 000

CAŁKOWITA POWIERZCHNIA ZIEMI
510 955 000 kilometrów kwadratowych (km²)
Powierzchnia lądów
149 822 400 km²
29,3%
OCEAN INDYJSKI
74 900 000 km²
14,7%
OCEAN SPOKOJNY
179 650 000 km²
35,2%
powierzchnia oceanów
360 650 000 km²
70,7%
OCEAN ATLANTYCKI
106 400 000 km²
20,8%
OCEAN ARKTYCZNY
30°
60°
90°
120°
150°
180°
66°33'
60°
30°
23°27'
0°
23°27'
30°
60°
66°33'
TSBERGEN
Nowa Ziemia
Przylądek Północny
SKANDYNAWIA
Jezioro Ładoga
Nizina Wschodnioeuropejska
URAL
Wołga
Dniepr
Ren
KARPATY
ALPY
4810
Dunaj
Półwysep Bałkański
Półwysep Apeniński
MORZE CZARNE
KAUKAZ
5642
ANATOLIA
Morze Kaspijskie
Jezioro Aralskie
MORZE ŚRÓDZIEMNE
Tygrys
Eufrat
WYŻYNA IRAŃSKA
Beludżystan
Nil
MORZE CZERWONE
PÓŁWYSEP ARABSKI
HAGGAR
SAHARA
3415
TIBESTI
Ras Dascian
4620
WYŻYNA ABISYŃSKA
Jezioro Czad
Przylądek Raas Caluula
Kamerun
4095
Zatoka Gwinejska
Wyspy Tomasza Książęca
Kongo
Ruwenzori
5109
Jezioro Wiktorii
5895
Kilimandżaro
Jezioro Tanganika
GÓRY MITUMBA
Jezioro Malawi
Zambezi
WYŻYNA BIJÉ
Przylądek Fria
Pustynia Namib
KALAHARI
GÓRY SMOCZE
Oranje
Przylądek Dobrej Nadziei
Kanał Mozambicki
Madagaskar
KOMORY
SESZELE
MALEDIWY
MASKARENY
WYSPY CROZETA
WYSPY KSIĘCIA EDWARDA
WYSPY KERGUELENA
WYŻYNA ŚRODKOWOSYBERYJSKA
Lena
Jenisej
Ob'
Irtysz
Koło podbiegunowe
SYBERIA
PASMO STANOWE
Jezioro Bajkał
Amur
AŁTAJ
TIEN-SZAN
GOBI
HINDUKUSZ
KUNLUN SZAN
TYBET
HIMALAJE
8848
Everest
Indus
Ganges
Huang-he
Jangcy
Mandżuria
Irawaddy
Wuyi Shan
KAMCZATKA
MORZE OCHOCKIE
Przylądek Łopatka
Sachalin
Sihote-Alin
Hokkaido
WYSPY JAPOŃSKIE
Honsiu
Kiusiu
Półwysep Koreański
Tajwan
Zwrotnik Raka
MORZE ARABSKIE
DEKAN
Zatoka Bengalska
Przylądek Komorin
Sri Lanka
INDOCHINY
Mekong
Hajnan
Luzon
FILIPINY
MORZE FILIPIŃSKIE
MARIANY
MIKRONEZJA
WYSPY MARSHALLA
MORZE POŁUDNIOWOCHIŃSKIE
Mindanao
PÓŁWYSEP MALAJSKI
OCEAN SPOKOJNY
KAROLINY
Równik
Sumatra
Borneo
5605
Celebes
MELANEZJA
ARCHIPELAG BISMARCKA
Nowa Gwinea
Jawa
Timor
WYSPY SALOMONA
OCEAN INDYJSKI
WYSPY KOKOSOWE
Arnhem Land
Kimberley
NOWE HEBRYDY
FIDŻI
Przylądek Północno-Zachodni
Zwrotnik Koziorożca
Nowa Kaledonia
AUSTRALIA
WIELKIE GÓRY WODODZIAŁOWE
Wielka Pustynia Wiktorii
Przylądek Naturaliste
Wielka Zatoka Australijska
2229
Góra Kościuszki
Tasmania
NOWA ZELANDIA
3754
Aoraki [Mt. Cook]
WYSPA AUCKLAND
Macquarie
MORZE DAVISA
Koło podbiegunowe
ZIEMIA ENDERBY
ZIEMIA KRÓLOWEJ MAUD
ZIEMIA WILKESA
ANTARKTYDA

1 ALBANIA
2 ANDORRA
3 AUSTRIA
4 AZERBEJDŻAN
5 BELGIA
6 BIAŁORUŚ
7 BOŚNIA I HERCEGOWINA
8 CHORWACJA
9 ESTONIA
10 ŁOTWA
11 LICHTENSTEIN
12 LITWA
13 LUKSEMBURG

MAPA POLITYCZNA ŚWIATA

0 800 1600 2400 km

Skala 1 : 72 000 000

14 ROSJA
15 MOŁDAWIA
16 MONAKO
17 CZARNOGÓRA
18 HOLANDIA
19 REPUBLIKA CZESKA
20 MACEDONIA
21 SAN MARINO
22 SŁOWACJA
23 SŁOWENIA
24 SZWAJCARIA
25 WĘGRY
26 WATYKAN
OCEAN ARKTYCZNY
Spitsbergen (Norwegia)
Koło podbiegunowe
66°33'
60°
30°
0°
23°27'
180°
150°
120°
90°
60°
30°
FINLANDIA
SZWECJA
POLSKA
NIEMCY
UKRAINA
RUMANIA
SERBIA
BUŁGARIA
WŁOCHY
GRECJA
MALTA
TUNEZJA
CYPR
LIBAN
IZRAEL
SYRIA
JORDANIA
IRAK
KUWEJT
BAHRAJN
KATAR
ZJEDNOCZONE EMIRATY ARABSKIE
ARABIA SAUDYJSKA
OMAN
JEMEN
GRUZJA
ARMENIA
TURCJA
ROSJA
KAZACHSTAN
UZBEKISTAN
TURKMENISTAN
KIRGISTAN
TADŻYKISTAN
AFGANISTAN
IRAN
PAKISTAN
MONGOLIA
CHINY
KOREA PÓŁNOCNA
KOREA POŁUDNIOWA
JAPONIA
NEPAL
BHUTAN
BANGLADESZ
INDIE
MYANMAR
TAJLANDIA
LAOS
WIETNAM
KAMBODŻA
TAJWAN
FILIPINY
SRI LANKA
MALEDIWY
Lakszadiwy (Indie)
Wyspy Andamańskie (Indie)
Wyspy Nikobary (Indie)
BRUNEI
MALEZJA
SINGAPUR
INDONEZJA
TIMOR WSCHODNI
PAPUA-NOWA GWINEA
Zwrotnik Raka
Równik
Zwrotnik Koziorożca
Mariany Północne (Stany Zjednoczone)
Guam (Stany Zjednoczone)
PALAU
SFEDEROWANE STANY MIKRONEZJI
WYSPY MARSHALLA
OCEAN SPOKOJNY
NAURU
KIRIBATI
TUVALU
WYSPY SALOMONA
VANUATU
Nowa Kaledonia (Francja)
FIDŻI
AUSTRALIA
Norfolk (Australia)
Lord Howe (Australia)
NOWA ZELANDIA
Wyspa Auckland (Nowa Zelandia)
Macquarie (Australia)
Campell (Nowa Zelandia)
LIBIA
EGIPT
SUDAN
ERYTREA
DŻIBUTI
Sokotra (Jemen)
NIGER
CZAD
NIGERIA
KAMERUN
REPUBLIKA ŚRODKOWOAFRYKAŃSKA
SUDAN POŁUDNIOWY
ETIOPIA
SOMALIA
UGANDA
KENIA
WYSPY ŚW. TOMASZA I KSIĄŻĘCA
GWINEA RÓWNIKOWA
GABON
KONGO
RUANDA
BURUNDI
DEMOKRATYCZNA REPUBLIKA KONGA
TANZANIA
ANGOLA
ZAMBIA
MALAWI
KOMORY
SESZELE
Wyspy Chagos (Wlk. Brytania)
MOZAMBIK
ZIMBABWE
NAMIBIA
BOTSWANA
MADAGASKAR
MAURITIUS
Reunion (Francja)
SUAZI
LESOTO
RPA
OCEAN INDYJSKI
Amsterdam (Francja)
San Paolo
Wyspy Księcia Edwarda (RPA)
Wyspa Crozeta
T.A.A.F. Francuskie Terytoria Południowe i Antarktyczne (Francja)
Wyspy Kerguelena
Heard (Australia)
Wyspa Bouveta (Norwegia)
Koło podbiegunowe
ANTARKTYDA
Ⓐ II 22-07-2010 22 LIPCA 2010 MIĘDZYNARODOWY TRYBUNAŁ SPRAWIEDLIWOŚCI W HADZE OPOWIEDZIAŁ SIĘ ZA JEDNOSTRONNĄ NIEPODLEGŁOŚCIĄ KOSOWA. ZGROMADZENIE GENERALNE ONZ PODEJMIE DECYZJĘ O KIERUNKU DALSZYCH DZIAŁAŃ W ZWIĄZKU Z POWYŻSZYM WYROKIEM.
* WYSPY, W STOSUNKU DO KTÓRYCH SWOJE ROSZCZENIA WNOSIŁA ARGENTYNA

24

MAPA FIZYCZNA EUROPY
Jan Mayen
Przylądek Północny
MORZE BARENTSA
Nowa Ziemia
Koło podbiegunowe północne
Islandia
LOFOTY
Laponia
Półwysep Kolski
MORZE NORWESKIE
MORZE BIAŁE
GRZBIET TYMAŃSKI
Peczora
Ob
URAL
GÓRY SKANDYNAWSKIE
Skandynawia
Karelia
Dwina
WYSPY OWCZE
Zatoka Botnicka
Pojezierze Fińskie
Jezioro Onega
Jezioro Ładoga
UWAŁY PÓŁNOCNE
HEBRYDY
SZETLANDY
ORKADY
Zbiornik Rybiński
Nizina Wschodnioeuropejska
Kama
Wołga
Zbiornik Kujbyszewski
MORZE PÓŁNOCNE
WIELKA BRYTANIA
Gotlandia
MORZE BAŁTYCKIE
Irlandia
MORZE IRLANDZKIE
Anglia
Półwysep Jutlandzki
WYSPY FRYZYJSKIE
WYŻYNA ŚRODKOWOROSYJSKA
WYŻYNA NADWOŁŻAŃSKA
Dniepr
Ural
Step Kirgiski
Tamiza
Cieśnina Kaletańska
Elba
Nizina Północnoniemiecka
Odra
Wisła
Don
Doniec
La Manche
OCEAN ATLANTYCKI
Bretania
Normandia
Sekwana
Ren
Czechy
Dunaj
Dniestr
Wołga
Depresja Kaspijska
Loara
Słowacja
KARPATY
MORZE KASPIJSKIE
Przylądek Finisterra
MASYW CENTRALNY
Mont Blanc 4807
ALPY
TAURY
Wielka Nizina Węgierska
MORZE AZOWSKIE
Krym
KAUKAZ
5642 Elbrus
-28
GÓRY KANTABRYJSKIE
PIRENEJE
Rodan
Nizina Padańska
Pad
Karpaty Południowe
2518
Ebro
GÓRY IBERYJSKIE
Meseta
Tag
MORZE LIGURYJSKIE
APENINY
ADRIATYK
Dalmacja
BAŁKANY
MORZE CZARNE
Korsyka
2925
Rodopy
SIERRA MORENA
Sardynia
Wezuwiusz 1279
Olimp 2917
MORZE MARMARA
BALEARY
1834
MORZE TYRREŃSKIE
Cieśnina Otranto
Pindos
Cieśnina Gibraltarska
Etna 3323
Sycylia
Cieśnina Mesyńska
MORZE JOŃSKIE
Peloponez
MORZE EGEJSKIE
SPORADY
CYKLADY
Rodos
Kreta
Malta
MORZE ŚRÓDZIEMNE
AFRYKA
AZJA
0 200 400 600 800 1000 km
Skala 1 : 20 500 000

Energia
węgiel
ropa naftowa
gaz naturalny
uran
Morze Barentsa
OCEAN ATLANTYCKI
Morze Północne
Morze Bałtyckie
Jezioro Onega
Jezioro Ładoga
Peczora
Wołga
Kama
Oka
Don
Dniepr
Dniestr
Dunaj
Elba
Odra
Wisła
Loara
Rodan
Tag
Morze Czarne
Morze Kaspijskie
Morze Śródziemne
Wykorzystanie gleby
obszary skaliste, lodowce
puszcze i lasy
pastwiska i łąki
obszary uprawne
stepy i pustynie
obszary bagienne
tundra
Uprawy
zboża
kukurydza
ryż
buraki
cytrusy
winorośl
oliwki
ziemniaki
BOGACTWA NATURALNE

Ⓐ 22 lipca 2010 Międzynarodowy Trybunał Sprawiedliwości w Hadze opowiedział się za jednostronną niepodległością Kosowa. Zgromadzenie generalne ONZ podejmie decyzję o kierunku dalszych działań w związku z powyższym wyrokiem.
MAPA POLITYCZNA EUROPY
Koło podbiegunowe północne
Jan Mayen (Norwegia)
MORZE BARENTSA
MORZE NORWESKIE
MORZE BIAŁE
MORZE PÓŁNOCNE
MORZE BAŁTYCKIE
Zatoka Botnicka
OCEAN ATLANTYCKI
La Manche
MORZE LIGURYJSKIE
MORZE ADRIATYCKIE
MORZE TYRREŃSKIE
MORZE JOŃSKIE
MORZE EGEJSKIE
MORZE ŚRÓDZIEMNE
MORZE CZARNE
MORZE AZOWSKIE
MORZE KASPIJSKIE
Cieśnina Gibraltarska
AFRYKA
AZJA
ISLANDIA
Rejkiawik
WYSPY OWCZE (Dania)
HEBRYDY
SZETLANDY
ORKADY
WIELKA BRYTANIA
Edynburg
Belfast
Manchester
Birmingham
Londyn
IRLANDIA
Dublin
NORWEGIA
Tromso
Bergen
Oslo
SZWECJA
Sztokholm
Göteborg
Malmö
FINLANDIA
Helsinki
DANIA
Kopenhaga
ESTONIA
Tallinn
ŁOTWA
Ryga
LITWA
Wilno
Kaliningrad
ROSJA
BIAŁORUŚ
Mińsk
POLSKA
Warszawa
HOLANDIA
HAGA
Amsterdam
Rotterdam
BELGIA
Bruksela
LUKSEMBURG
Luksemburg
NIEMCY
Hamburg
Berlin
Frankfurt nad Menem
Ren
Dunaj
CZECHY
Praga
SŁOWACJA
Bratysława
AUSTRIA
Wiedeń
WĘGRY
Budapeszt
SZWAJCARIA
Berno
LIECHTENSTEIN
Vaduz
FRANCJA
Paryż
Bordeaux
Lion
Marsylia
MONAKO
ANDORRA
Andorra La Vella
Korsyka (Francja)
HISZPANIA
Madryt
Barcelona
BALEARY
Gibraltar (Wlk. Brytania)
PORTUGALIA
Lizbona
WŁOCHY
Mediolan
Turyn
Wenecja
Florencja
SAN MARINO
WATYKAN
Rzym
Neapol
Sardynia
Sycylia
MALTA
Valletta
SŁOWENIA
Lublana
CHORWACJA
Zagrzeb
BOŚNIA I HERCEGOWINA
Sarajewo
SERBIA
Belgrad
Kosowo
CZARNOGÓRA
Podgorica
ALBANIA
Tirana
MACEDONIA
Skopje
BUŁGARIA
Sofia
RUMUNIA
Bukareszt
MOŁDAWIA
Kiszyniów
UKRAINA
Kijów
Charków
Odessa
Dniestr
Dniepr
GRECJA
Ateny
Kreta
Rodos
Stambuł
ROSJA
Moskwa
Sankt Petersburg
Murmańsk
Archangielsk
Jezioro Onega
Jezioro Ładoga
Nowogród
Kazań
Perm
Samara
Wołgograd
Astrachań
Rostów nad Donem
Wołga
Kama
Don
Ural
Ob
30° 20° 10° 0° 10° 20° 30° 40° 50° 60° 70°
60° 50° 40° 30°
1 2 3 4 5 6 7 8 9 10
A B C D E
0 200 400 600 800 1000 km
Skala 1 : 20 500 000

Morze
Barentsa
OCEAN
ATLANTYCKI
Morze
Północne
Bałtyk
Morze
Kaspijskie
Morze Czarne
Morze Śródziemne
Dublin
Manchester
Londyn
Amsterdam
Rotterdam
Bruksela
Paryż
Hamburg
Berlin
Kopenhaga
Sztokholm
Sankt Petersburg
Perm
Kazań
Nowogród
Samara
Moskwa
Mińsk
Warszawa
Kijów
Wołgograd
Rostów nad Donem
Praga
Monachium
Wiedeń
Budapeszt
Lion
Mediolan
Odessa
Bukareszt
Belgrad
Sofia
Marsylia
Lizbona
Madryt
Barcelona
Rzym
Neapol
Ateny
Gdzie żyje najwięcej ludzi
(liczba mieszkańców
na kilometr kwadratowy)
0 - 10
10 - 50
50 - 100
100 - 200
200 - 500
ponad 500
LUDNOŚĆ
Mieszkańcy miast
1 000 000 - 2 500 000
2 500 000 - 5 000 000
5 000 000 - 10 000 000
więcej niż 10 000 000

Czy wiesz, że ...

Na południu Anglii można odwiedzić jedno z najbardziej tajemniczych miejsc na świecie: krąg megalitów Stonehenge, co oznacza „zawieszona skała”. Archeologowie przypuszczają, że został utworzony około 4500 lat temu z kamieni ważących do 50 ton, transportowanych nawet z bardzo odległych miejsc. Wysiłek włożony w jego budowę oznacza, że prawdopodobnie było to niezwykle ważne miejsce dla ludzi mu współczesnych i przypuszcza się, że było ono miejscem ceremonii lub obserwatorium astronomicznym okresu neolitu. Jednak aktualne rozmieszczenie kamieni powstało w XIX wieku, kiedy królowa Wiktoria wysłała grupę inżynierów, aby zajęli się odnowieniem zabytku.

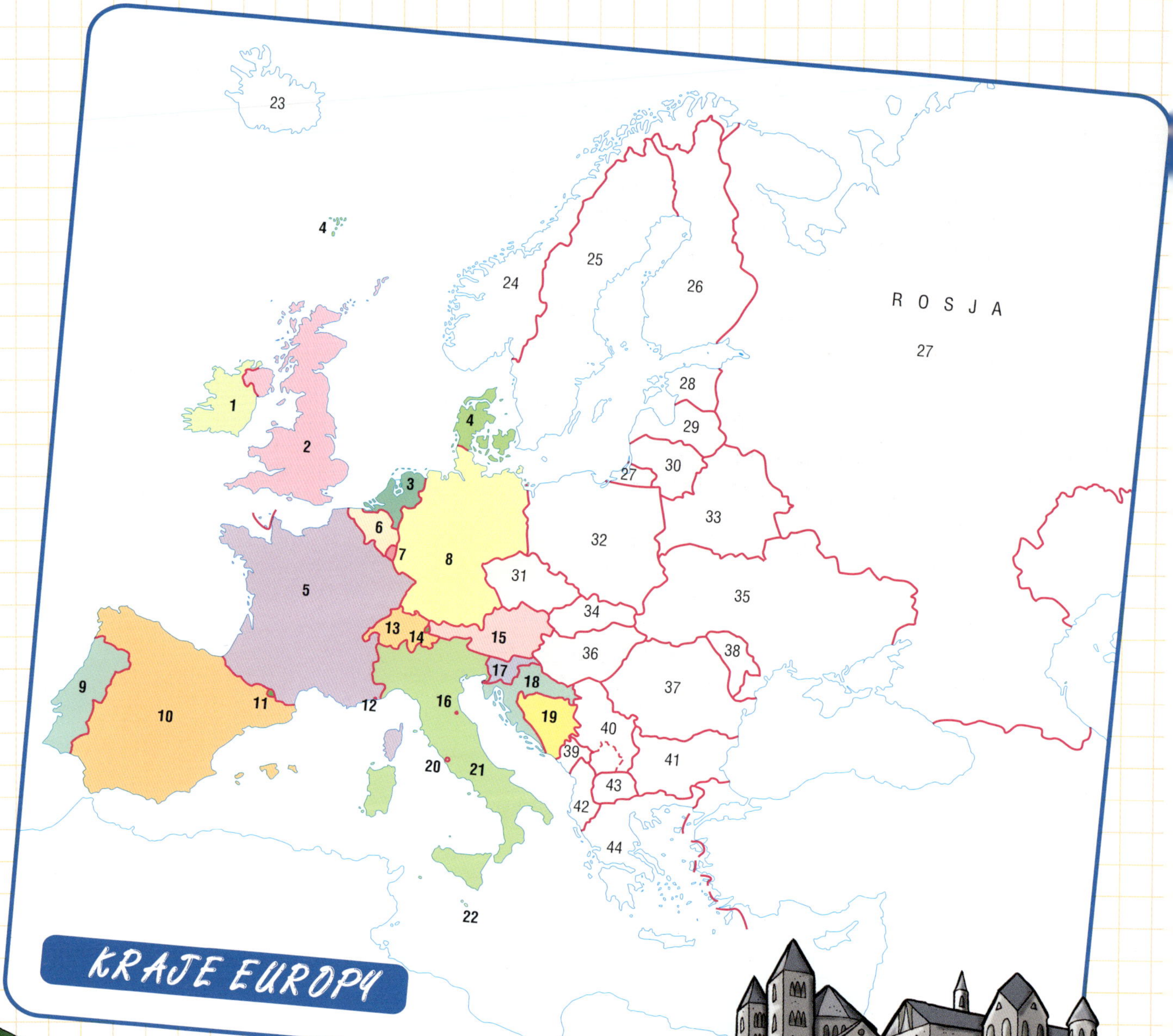

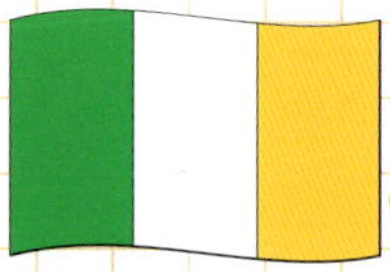
1

IRLANDIA
Stolica: Dublin
Mieszkańców: 4 589 002

2

WIELKA BRYTANIA
Stolica: Londyn
Mieszkańców: 61 899 272

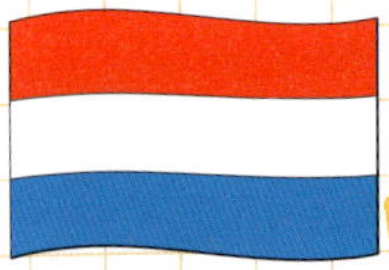
3

HOLANDIA
Stolica: Amsterdam, Haga
Mieszkańców: 16 654 979

4

DANIA
Stolica: Kopenhaga
Mieszkańców: 5 560 628

5

FRANCJA
Stolica: Paryż
Mieszkańców: 65 027 000

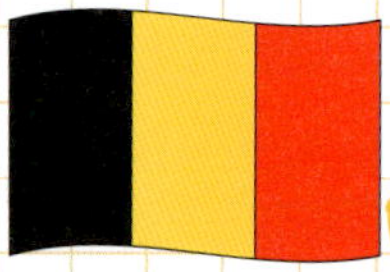
6

BELGIA
Stolica: Bruksela
Mieszkańców: 10 839 905

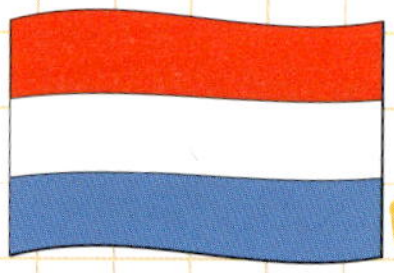
7

LUKSEMBURG
Stolica: Luksemburg
Mieszkańców: 524 900

8

NIEMCY
Stolica: Berlin
Mieszkańców: 82 056 775

9

PORTUGALIA
Stolica: Lizbona
Mieszkańców: 10 732 357

10

HISZPANIA
Stolica: Madryt
Mieszkańców: 46 864 418

11

ANDORRA
Stolica: Andorra la Vella
Mieszkańców: 85 015

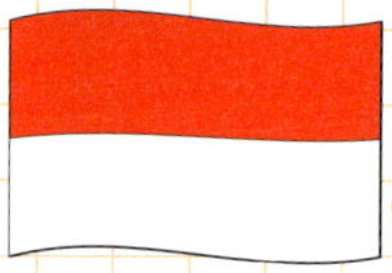
12

MONAKO
Stolica: Monako
Mieszkańców: 35 881

GEO...quiz!

1. Amsterdam jest stolicą kraju, którego terytorium w dużej części znajduje się pod poziomem morza. Jaki to kraj?

A Irlandia B Holandia C Francja

2. Pomiędzy Hiszpanią i Francją wznosi się łańcuch górski pełen widowiskowych dolin i szczytów sięgających ponad 3000 metrów. Jak się nazywa?

A Alpy B Karpaty C Pireneje

3. Do 1990 roku Niemcy były podzielone na dwa kraje z dwiema stolicami. Jedna z nich stała się stolicą zjednoczonych Niemiec. Czy wiesz która?

A Berlin B Hamburg C Frankfurt

Ciekawostka...

W Paryżu znajduje się najczęściej odwiedzane na świecie muzeum sztuki. Ponad 8 milionów ludzi wchodzi każdego roku do Luwru, by podziwiać niektóre z najważniejszych dzieł sztuki z poszczególnych epok. Muzeum jest tak ogromne, że wszystkie jego sale mają łączną powierzchnię równą 9 boiskom do piłki nożnej.

„Wszystkie drogi prowadzą do Rzymu". Powiedzenie to odnosi się do ogromnej sieci dróg zbudowanych przez starożytnych Rzymian w trakcie ekspansji ich imperium aż po granice Europy. To właśnie drogi, zmniejszając czas potrzebny na przejście wojsk czy transport towarów, pozwoliły Rzymianom przez długie wieki panować nad całym basenem Morza Śródziemnego. W dzisiejszych czasach asfalt zastępuje kamienie, ale wielkie drogi łączące najważniejsze miejsca Europy pozostają te same.

13

SZWAJCARIA
Stolica: Berno
Mieszkańców: 7 866 498

14

LIECHTENSTEIN
Stolica: Vaduz
Mieszkańców: 35 894

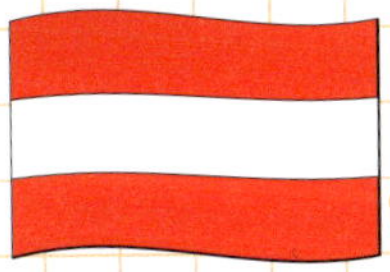

15

AUSTRIA
Stolica: Wiedeń
Mieszkańców: 8 375 290

16

SAN MARINO
Stolica: San Marino
Mieszkańców: 31 888

17

SŁOWENIA
Stolica: Lublana
Mieszkańców: 2 050 189

18

CHORWACJA
Stolica: Zagrzeb
Mieszkańców: 4 409 659

19

BOŚNIA I HERCEGOWINA
Stolica: Sarajewo
Mieszkańców: 3 843 126

20

WATYKAN
Stolica: Watykan
Mieszkańców: 572

21

WŁOCHY
Stolica: Rzym
Mieszkańców: 60 626 442

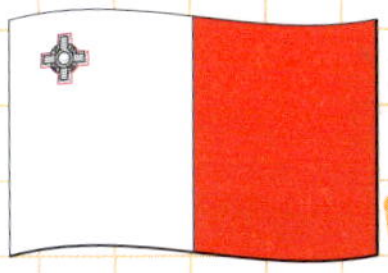

22

MALTA
Stolica: Valletta
Mieszkańców: 412 970

Czy wiesz, że...

W Skandynawii i w Rosji znajduje się tajga, nieprzerwany pas lasów i puszczy, który okrywa wszystkie północne krainy (a zatem również Kanadę, znajdującą się w Ameryce Północnej). Tajga stanowi niezwykle dla człowieka cenne środowisko, ponieważ miliony drzew, które ją tworzą, są największym naturalnym rezerwatem na naszej planecie.

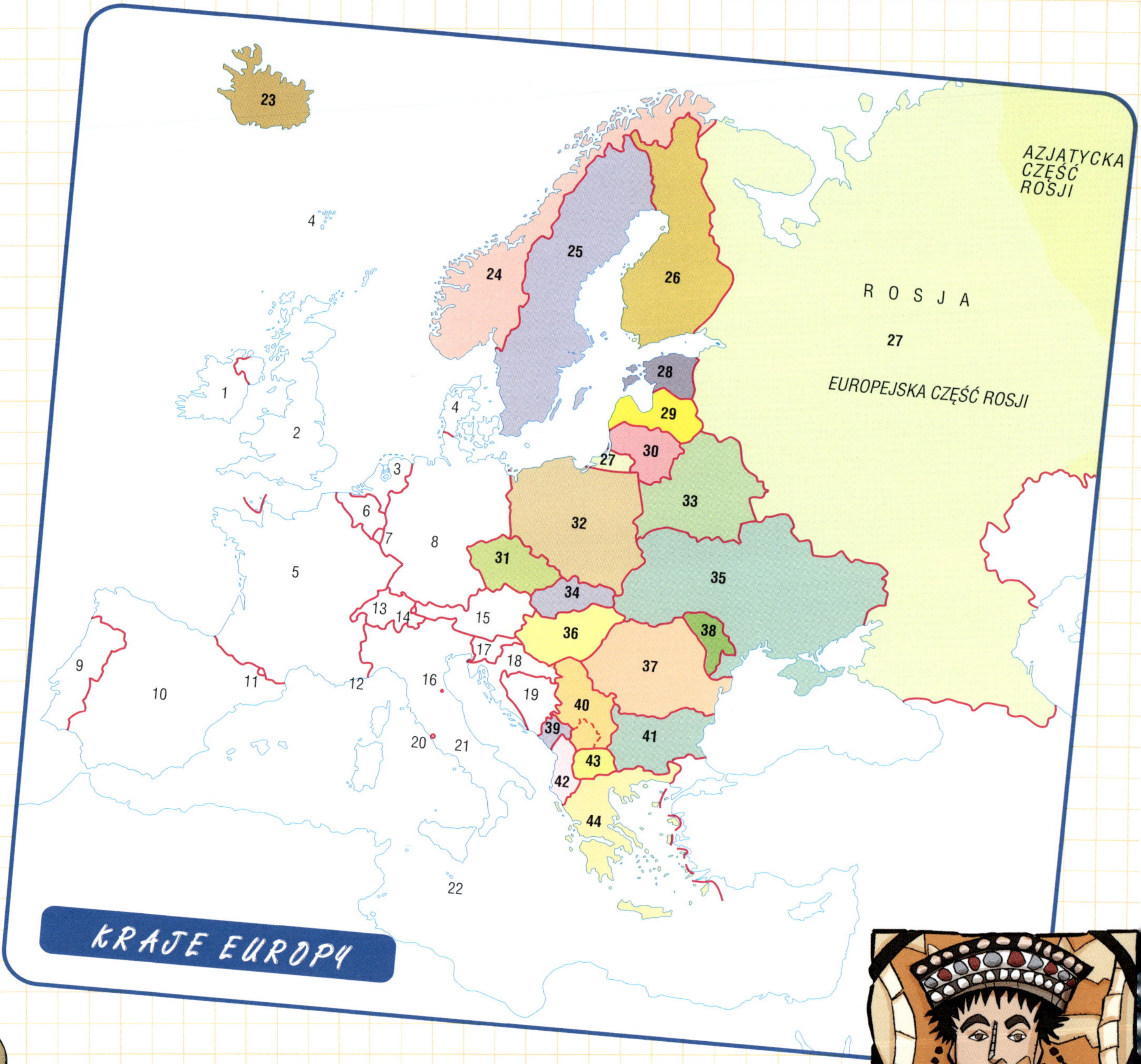

23
ISLANDIA
Stolica: Rejkiawik
Mieszkańców: 318 452

24
NORWEGIA
Stolica: Oslo
Mieszkańców: 4 920 305

25
SZWECJA
Stolica: Sztokholm
Mieszkańców: 9 415 570

26
FINLANDIA
Stolica: Helsinki
Mieszkańców: 5 375 276

27
ROSJA
Stolica: Moskwa
Mieszkańców: 141 914 509

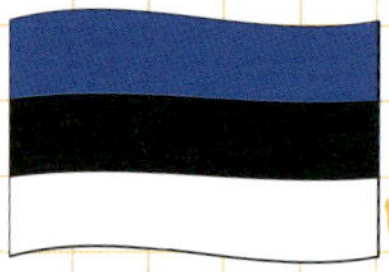
28
ESTONIA
Stolica: Tallinn
Mieszkańców: 1 340 127

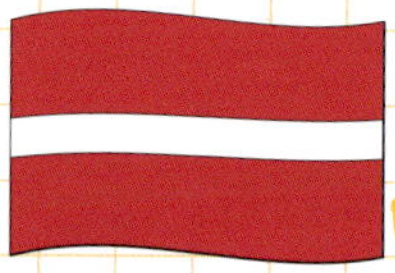
29
ŁOTWA
Stolica: Ryga
Mieszkańców: 2 248 374

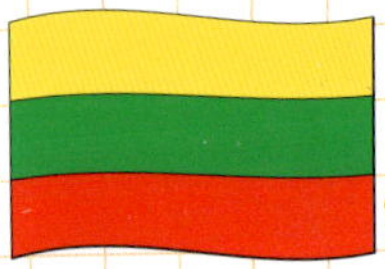
30
LITWA
Stolica: Wilno
Mieszkańców: 3 244 509

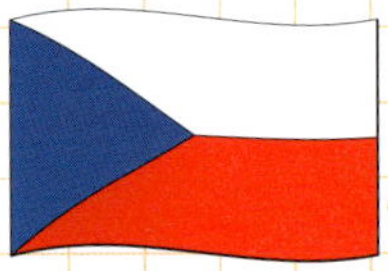
31
CZECHY
Stolica: Praga
Mieszkańców: 10 532 770

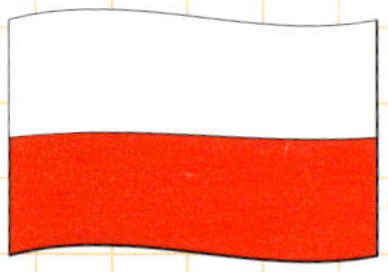
32
POLSKA
Stolica: Warszawa
Mieszkańców: 38 186 860

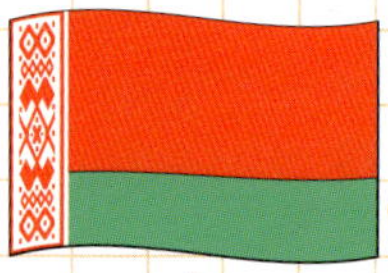
33
BIAŁORUŚ
Stolica: Mińsk
Mieszkańców: 9 481 200

34
SŁOWACJA
Stolica: Bratysława
Mieszkańców: 5 435 273

GEO... quiz!

1. Najdalej wysunięty na północ punkt Europy znajduje się w Norwegii. Czy wiesz, jak nazywa się to odległe miejsce?

A Przylądek Finisterra B Przylądek Północny C Przylądek Horn

2. Republika Czeska jest młodym państwem utworzonym w 1993 roku w wyniku pokojowego oddzielenia się od Słowacji. Czy znasz jej stolicę?

A Praga B Bratysława C Budapeszt

3. Dunaj przepływa przez znaczną część Europy, a nad jego brzegami leżą stolice 4 państw. Do jakiego morza uchodzi?

A Śródziemnego B Adriatyckiego C Czarnego

4. W Europie znajduje się najmłodszy kraj świata, utworzony w 2006 roku. Jego stolica nazywa się Podgorica, a kraj ten nazywa się...

A Chorwacja B Czarnogóra C Estonia

Ciekawostka...

Cerkiew Wasyla Błogosławionego stanowi geometryczny środek Moskwy, stolicy Rosji. Jej wielobarwna budowa i iglice mają przedstawiać ogień wiary, wznoszący się do nieba. Cerkiew składa się z ośmiu oddzielnych cerkwii, z których każda poświęcona jest innemu świętemu. Wybudowana w 1561 roku, góruje nad Placem Czerwonym i Kremlem, dwoma symbolami rosyjskiej władzy.

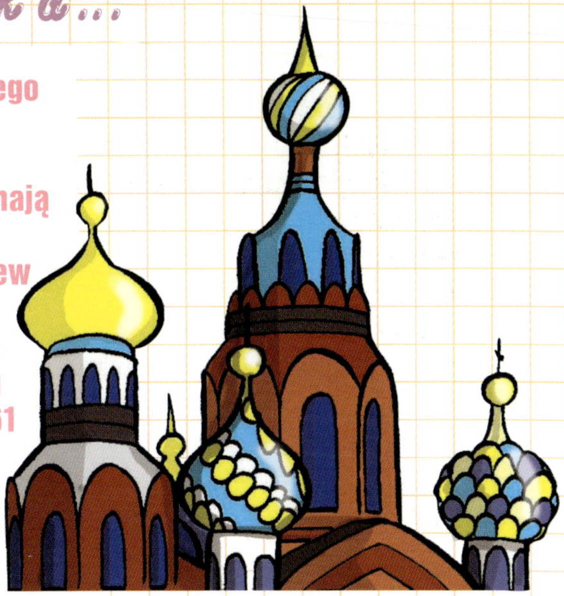

Stolica Grecji, Ateny, jest nowoczesną metropolią z przeszło 3 milionami mieszkańców. W centrum miasta, na wzgórzu o wysokości 100 metrów, odseparowanym od miejskiego zgiełku, wznosi się Akropol – siedziba religijnych i państwowych władz starożytnych Aten.

Ozdobą Akropolu jest Partenon, świątynia poświęcona bogini Atenie.

35

UKRAINA
Stolica: Kijów
Mieszkańców: 45 724 242

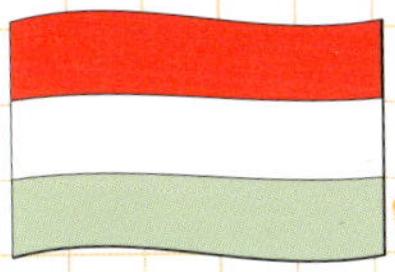

36

WĘGRY
Stolica: Budapeszt
Mieszkańców: 10 014 324

37

RUMUNIA
Stolica: Bukareszt
Mieszkańców: 21 462 186

38

MOŁDAWIA
Stolica: Kiszyniów
Mieszkańców: 4 119 054

39

CZARNOGÓRA
Stolica: Podgorica
Mieszkańców: 625 266

40

SERBIA
Stolica: Belgrad
Mieszkańców: 7 345 000

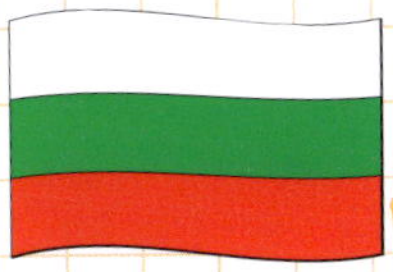

41

BUŁGARIA
Stolica: Sofia
Mieszkańców: 7 351 234

42

ALBANIA
Stolica: Tirana
Mieszkańców: 3 194 972

43

MACEDONIA
Stolica: Skopje
Mieszkańców: 2 055 004

44

GRECJA
Stolica: Ateny
Mieszkańców: 11 305 118

MAPA FIZYCZNA AZJI
OCEAN ATLANTYCKI
OCEAN ARKTYCZNY
BIEGUN PÓŁNOCNY
OCEAN SPOKOJNY
OCEAN INDYJSKI
EUROPA
AFRYKA
AUSTRALIA
MORZE BARENTSA
MORZE KARSKIE
MORZE ŁAPTIEWÓW
MORZE WSCHODNIOSYBERYJSKIE
MORZE BERINGA
MORZE OCHOCKIE
MORZE JAPOŃSKIE
MORZE ŻÓŁTE
MORZE WSCHODNIOCHIŃSKIE
MORZE POŁUDNIOWOCHIŃSKIE
MORZE FILIPIŃSKIE
MORZE SULU
MORZE CELEBES
MORZE JAWAJSKIE
MORZE ANDAMAŃSKIE
MORZE ARABSKIE
MORZE CZERWONE
MORZE CZARNE
MORZE KASPIJSKIE
MORZE BAŁTYCKIE
Morze Martwe
Zatoka Bengalska
Zatoka Perska
Zatoka Omańska
Zatoka Adeńska
Zatoka Tonkińska
Zatoka Syjamska
Cieśnina Beringa
Cieśnina Luzon
Koło podbiegunowe północne
Zwrotnik Raka
Równik
Półwysep Czukocki
Półwysep Kamczatka
Półwysep Tajmyr
Półwysep Jamalski
Półwysep Kolski
Półwysep Koreański
Półwysep Malajski
PÓŁWYSEP ARABSKI
Przylądek Północny
Przylądek Navarin
Przylądek Łopatka
Przylądek Komoryn
al-Hadd
SPITSBERGEN
ZIEMIA FRANCISZKA JÓZEFA
NOWA ZIEMIA
ZIEMIA PÓŁNOCNA
WYSPY NOWOSYBERYJSKIE
Wyspa Wrangla
Sachalin
WYSPY KURYLSKIE
Hokkaido
Honsiu
Kiusiu
WYSPY JAPOŃSKIE
WYSPY NANSEI
Tajwan
Hajnan
Luzon
Mindanao
Palawan
FILIPINY
Borneo
Celebes
ARCHIPELAG MALAJSKI
MOLUKI
Halmahera
Nowa Gwinea
ARCHIPELAG SUNDAJSKI
MAŁY ARCHIPELAG SUNDAJSKI
Sumatra
Jawa
Bali
Flores
Timor
ARCHIPELAG MENTAWAI
ANDAMANY
NIKOBARY
Sri Lanka
MALEDIWY
LAKSZADIWY
Sokotra
Cypr
Synaj
Syberia
WYŻYNA ŚRODKOWOSYBERYJSKA
Nizina Zachodniosyberyjska
Nizina Wschodnioeuropejska
URAL
Góry Czerskiego
Góry Wierchojańskie
Góry Anadyrskie
PASMO STANOWE
SIHOTE-ALIN
Kluczewska Sopka 4750
Mandżuria
KHINGAN
Nizina Chińska
WUYI SZAN
SAJAN WSCHODNI
AŁTAJ
Białucha 4506
Gobi
Mongolia Wewnętrzna
TIEN-SZAN
Pik Pobiedy 7439
Ismail Samani 7495
ALTUN SZAN
KUNLUN SZAN
HINDUKUSZ
K2 8616
Kaszmir
HIMALAJE
Annapurna 8078
8848 Everest
WYŻYNA TYBETAŃSKA
Gongga Szan 7590
Dekan
Bengal
INDOCHINY
Tonkin
KAUKAZ
Elbrus 5642
Depresja Kaspijska
-28
Anatolia
TAURUS
Ararat 5165
ELBURS
Damavand 5605
Mezopotamia
GÓRY ZAGROS
Wyżyna Irańska
Beludżystan
Jezioro Ładoga
Jezioro Onega
Jezioro Aralskie
Jezioro Bałchasz
Jezioro Bajkał
-154
-395
Wołga
Dniepr
Ural
Ob
Irtysz
Jenisej
Angara
Lena
Kołyma
Amur Heilong Jiang
Syr-daria
Amu-daria
Tarim
Huang He
Jangcy
Brahmaputra
Ganges
Indus
Godavari
Salween
Mekong
Eufrat
Tygrys
Skala 1 : 42 000 000
0 400 800 1200 1600 2000 km

Wykorzystanie gleby
nieużytki
tundra
lasy i puszcze
lasy deszczowe i tropikalne
pastwiska i łąki
obszary uprawne
stepy i pustynie
obszary bagienne
widne lasy
Uprawy
zboża
kukurydza
ryż
winorośl
ziemniaki
oliwki
buraki
banany
orzechy kokosowe
orzechy ziemne
kawa
trzcina cukrowa
herbata
palma olejowa
soja
Energia
węgiel
gaz naturalny
ropa naftowa
uran
OCEAN ARKTYCZNY
Morze Beringa
Morze Ochockie
OCEAN SPOKOJNY
Morze Wschodniochińskie
Morze Południowochińskie
OCEAN INDYJSKI
Morze Arabskie
Morze Czerwone
Morze Czarne
Morze Kaspijskie
Jezioro Ładoga
Jezioro Onega
Jezioro Aralskie
Jezioro Bałchasz
Jezioro Bajkał
Wołga
Irtysz
Jenisej
Lena
Amur
Syr-daria
Amu-Daria
Eufrat
Tygrys
Indus
Ganges
Salween
Mekong
Huang He
Jangcy
BOGACTWA NATURALNE

0 400 800 1200 1600 2000 km

Skala 1 : 42 000 000

Gdzie żyje najwięcej ludzi
(liczba mieszkańców na kilometr kwadratowy)
powyżej 200
100 - 200
50 - 100
25 - 50
10 - 25
1 - 10
0 - 1
obszary niezamieszkałe
OCEAN ARKTYCZNY
Morze Beringa
Morze Ochockie
Morze Czarne
Morze Kaspijskie
Morze Czerwone
Morze Wschodniochińskie
Morze Południowochińskie
OCEAN SPOKOJNY
OCEAN INDYJSKI
Moskwa
Jekaterynburg
Czelabińsk
Omsk
Nowosybirsk
Stambuł
Smyrna
Ankara
Tbilisi
Erewań
Baku
Bejrut
Tel Awiw-Jaffa
Aleppo
Damaszek
Amman
Bagdad
Teheran
Isfahan
Sziraz
Rijad
Dżidda
Sana
Taszkient
Alma Ata
Kabul
Rawalpindi
Lahore
Delhi
Karaczi
Ahmadabad
Kanpur
Katmandu
Dhaka [Dacca]
Chittagong
Kalkuta
Nagpur
Mumbaj [Bombaj]
Pune [Poona]
Hyderabad
Bangalore
Cennaj [Madras]
Kolombo
Ułan Bator
Harbin
Shenyang [Mukden]
Phenian
Seul
Pusan
Pekin
Tientsin
Taiyuan
Nankin
Szanghaj
Wuhan
Chengdu
Chongqing
Kanton
Tajpej
Sapporo
Tokio
Jokohama
Osaka
Hanoi
Yangon [Rangoon]
Bangkok
Phnom Penh
Ho Chi Minh [Sajgon]
Manila
Quezon City
Davao
Medan
Kuala Laumpur
Makasar
Dżakarta
Bandung
Surabaja
Mieszkańcy miast
1 000 000 - 2 500 000
2 500 000 - 5 000 000
5 000 000 - 10 000 000
ponad 10 000 000
LUDNOŚĆ

Czy wiesz, że...

Kraje arabskie z Zatoki Perskiej, dzięki sprzedaży ropy naftowej, zgromadziły bardzo dużo pieniędzy i, zwłaszcza w Dubaju oraz w Zjednoczonych Emiratach Arabskich, na pustynnych wybrzeżach budują prawdziwe metropolie z olbrzymimi drapaczami chmur, sztucznymi wyspami w kształcie palm, centrami handlowymi, odwiedzanymi przez klientów z całego świata, a nawet stokiem narciarskim o długości 400 metrów w ogromnym hangarze umieszczonym na pustyni.

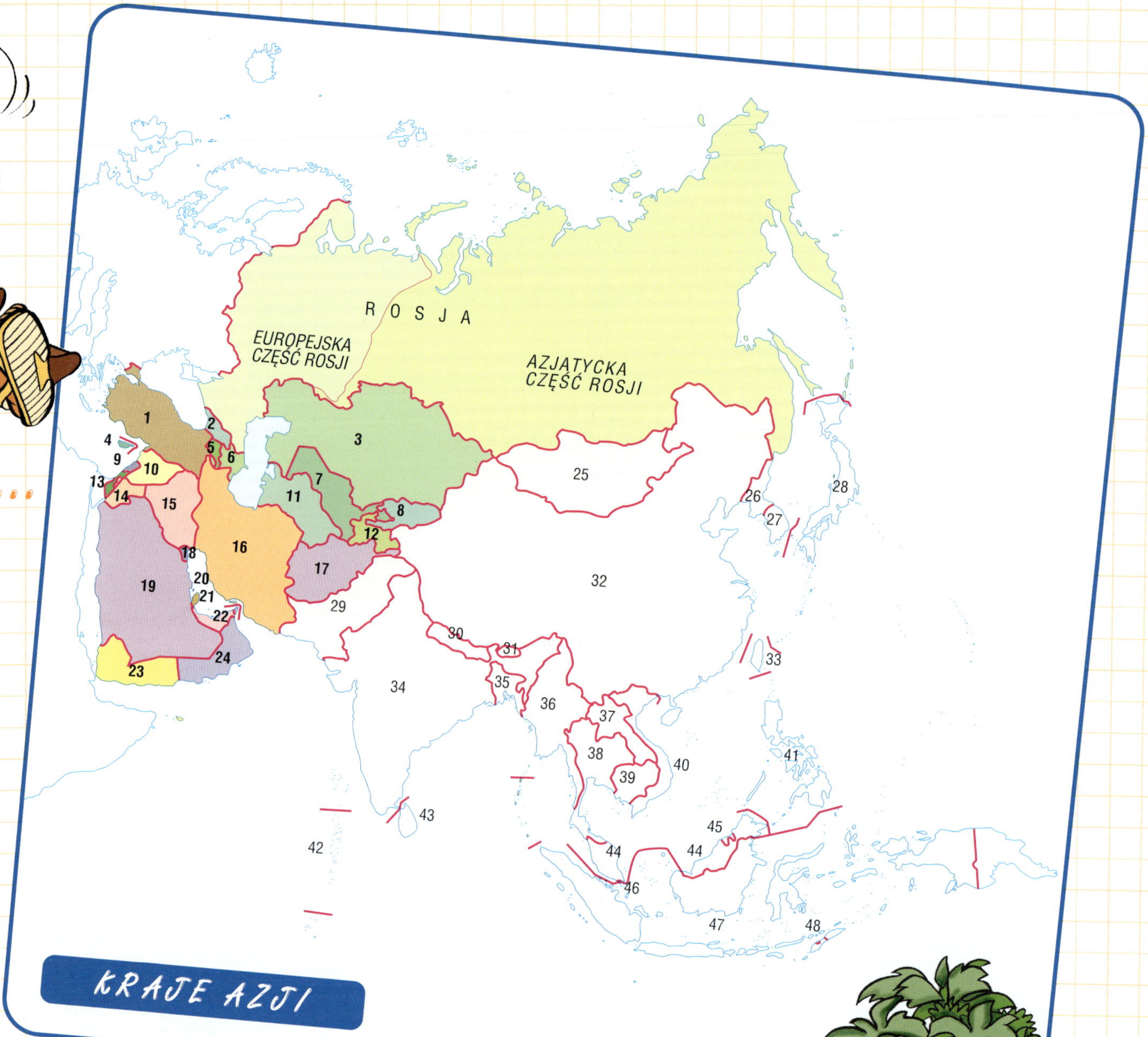

KRAJE AZJI

1
TURCJA
Stolica: Ankara
Mieszkańców: 73 722 988

2
GRUZJA
Stolica: Tbilisi
Mieszkańców: 4 671 400

3
KAZACHSTAN
Stolica: Astana
Mieszkańców: 16 036 075

4
CYPR
Stolica: Nikozja
Mieszkańców: 803 200

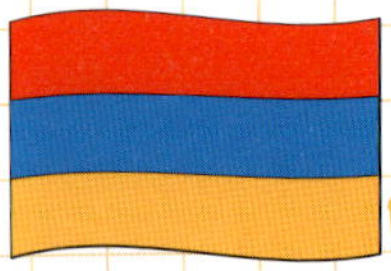
5
ARMENIA
Stolica: Erewań
Mieszkańców: 3 249 500

6
AZERBEJDŻAN
Stolica: Baku
Mieszkańców: 8 977 400

7
UZBEKISTAN
Stolica: Taszkient
Mieszkańców: 27 794 000

8
KIRGISTAN
Stolica: Biszkek
Mieszkańców: 5 550 239

9
LIBAN
Stolica: Bejrut
Mieszkańców: 4 254 583

10
SYRIA
Stolica: Damaszek
Mieszkańców: 20 866 000

11
TURKMENISTAN
Stolica: Aszchabad
Mieszkańców: 5 176 502

12
TADŻYKISTAN
Stolica: Duszanbe
Mieszkańców: 7 565 000

13
IZRAEL
Stolica: Jerozolima
Mieszkańców: 7 730 400

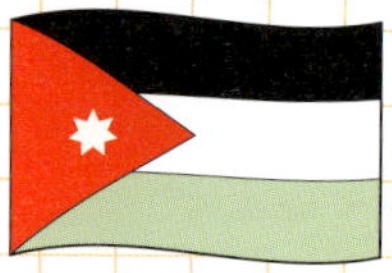
14
JORDANIA
Stolica: Amman
Mieszkańców: 6 113 000

GEO... quiz!

1. W Azji znajduje się największe jezioro na świecie, tak duże, że nazywane jest morzem. Jak się nazywa?

A Aralskie B Kaspijskie C Bajkał

2. Mezopotamia jest powszechnie nazywana „kolebką wielkich cywilizacji": Sumerów, Babilończyków, Asyryjczyków... W jakim kraju znajduje się obecnie?

A Irak B Iran C Jordania

3. Kabul jest stolicą kraju znanego ze smutnej historii ciągłych wojen, które nękają go od wielu lat. O jakim kraju mówimy?

A Oman B Jemen C Afganistan

4. Na Morzu Śródziemnym znajduje się duża wyspa uznawana za azjatycką. Jej terytorium w części zajmuje Turcja. Co to za wyspa?

A Sokotra B Cypr C Sachalin

Ciekawostka...

Teren Syberii zajmuje całą północną część Azji i do 1903 roku podróż przez ten obszar zajmowała nawet 4 miesiące. Co stało się w 1903 roku?

Po 12 latach prac uroczyście otwarto najdłuższą na świecie linię kolejową: kolej transsyberyjską, dzięki czemu w ciągu tygodnia z Moskwy można było dojechać do Władywostoku znajdującego się nad Morzem Japońskim. Liczby opisujące to niezwykłe dzieło inżynierii są imponujące: 9288 km długości, ponad 100 stacji kolejowych i podróż przez 8 stref czasowych. Aby możliwa była jej budowa, bez przerwy pracowało nawet 90 000 robotników, z których wielu było więźniami politycznymi.

15

IRAK
Stolica: Bagdad
Mieszkańców: 31 466 698

16

IRAN
Stolica: Teheran
Mieszkańców: 74 733 230

17

AFGANISTAN
Stolica: Kabul
Mieszkańców: 29 117 488

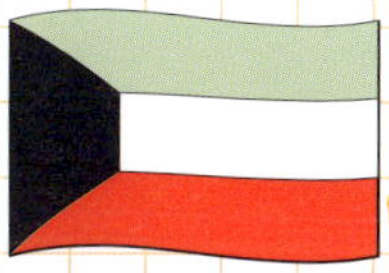

18

KUWEJT
Stolica: Kuwejt
Mieszkańców: 3 582 054

19

ARABIA SAUDYJSKA
Stolica: Rijad
Mieszkańców: 27 136 977

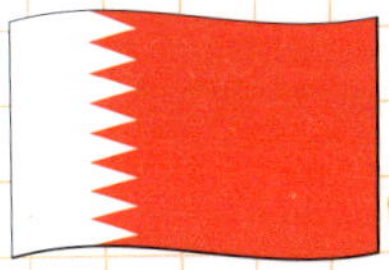

20

BAHRAJN
Stolica: Manama
Mieszkańców: 1 234 571

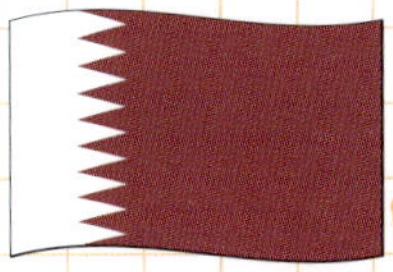

21

KATAR
Stolica: Ad-Dauha
Mieszkańców: 1 699 435

22

ZJEDNOCZONE EMIRATY ARABSKIE
Stolica: Abu Zabi
Mieszkańców: 4 707 307

23

JEMEN
Stolica: Sana
Mieszkańców: 24 255 928

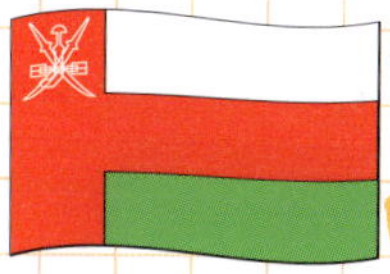

24

OMAN
Stolica: Mascat
Mieszkańców: 2 694 094

Czy wiesz, że...

Między Mongolią i Chinami rozciąga się jedna z największych pustyni na Ziemi: to Gobi, której nazwa w języku mongolskim oznacza właśnie „pustynię". Jej ekstremalne cechy (40° C w lecie i -40° C w zimie oraz burze piaskowe wiosną) sprawiają, że jest ona terytorium niezwykle trudnym do badań. Ale dla paleontologów (naukowców, którzy zajmują się badaniami skamieniałości) to istny raj. Od 1922 roku odnaleziono setki skamieniałości dinozaurów, dobrze zachowanych dzięki suchemu klimatowi.

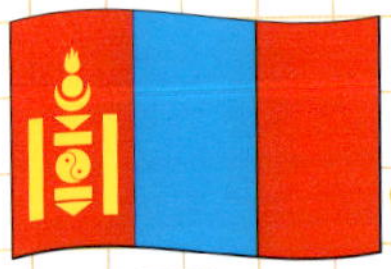
25
MONGOLIA
Stolica: Ułan Bator
Mieszkańców: 2 754 685

26
KOREA PÓŁNOCNA
Stolica: Phenian
Mieszkańców: 23 990 703

27
KOREA POŁUDNIOWA
Stolica: Seul
Mieszkańców: 48 580 293

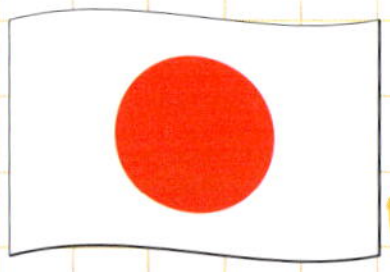
28
JAPONIA
Stolica: Tokio
Mieszkańców: 128 056 026

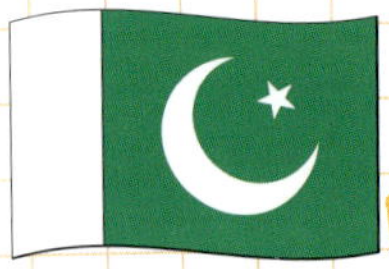
29
PAKISTAN
Stolica: Islamabad
Mieszkańców: 184 753 300

30
NEPAL
Stolica: Katmandu
Mieszkańców: 29 852 682

31
BHUTAN
Stolica: Thimphu
Mieszkańców: 695 821

32
CHINY
Stolica: Pekin
Mieszkańców: 1 339 724 852

33
TAJWAN
Stolica: Tajpej
Mieszkańców: 23 162 123

34
INDIE
Stolica: New Delhi
Mieszkańców: 1 210 193 422

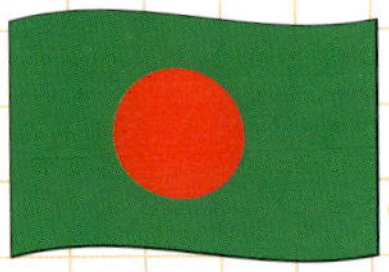
35
BANGLADESZ
Stolica: Dhaka
Mieszkańców: 164 425 491

36
BIRMA (Myanmar)
Stolica: Naypyidaw
Mieszkańców: 50 495 672

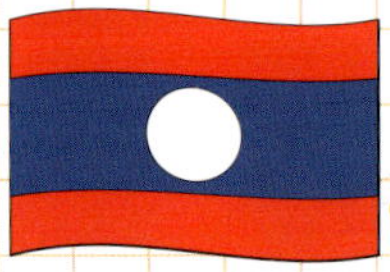
37
LAOS
Stolica: Wientian
Mieszkańców: 6 436 093

38
TAJLANDIA
Stolica: Bangkok
Mieszkańców: 66 124 334

GEO... quiz!

1. Przy 1 miliardzie 300 milionach ludzi nacja tego kraju jest najliczniejsza na świecie. O jakim kraju mówimy?

A Indie B Chiny C Indonezja

2. Japonia jest nazywana „Krajem Wschodzącego Słońca", ponieważ znajduje się na wschodzie, czyli dokładnie tam, gdzie wschodzi słońce. Jakie miasto jest jej stolicą?

A Tokio B Pekin C Seul

3. Na południu Indii znajduje się wyspa Cejlon, znana ze swoich plantacji herbaty. Po odzyskaniu niepodległości kraj ten powrócił do pierwotnej nazwy, jakiej?

A Celebes B Bali C Sri Lanka

4. Na końcu Półwyspu Malajskiego znajduje się niepodległe państwo-miasto, bogate i nowoczesne. Jak się nazywa?

A Hongkong B Singapur C Makao

Ciekawostka...

Zwierzęciem, które stanowi symbol Azji jest z pewnością tygrys. Jego nazwa pochodzi od perskiego słowa *tigris*, które oznacza strzałę i odnosi się do prędkości osiąganych przez tego wielkiego kota. Istnieje wiele podgatunków tygrysa – jak tygrysy syberyjskie, które mają futro pozbawione pasków, ponieważ żyją w środowisku innym niż las tropikalny, gdzie pasy służą temu, aby ukryć się w cieniu drzew podczas polowania.
W dzisiejszych czasach, z powodu daleko posuniętej wycinki lasów, tygrysy utraciły 93% swojego naturalnego środowiska i gatunek ten jest zagrożony wyginięciem z powodu polowań i wykorzystania części ciała tych zwierząt w tradycyjnej azjatyckiej medycynie.

KAMBODŻA
Stolica: Phnom Penh
Mieszkańców: 15 053 112

WIETNAM
Stolica: Hanoi
Mieszkańców: 86 927 700

FILIPINY
Stolica: Manila
Mieszkańców: 94 013 200

MALEDIWY
Stolica: Male
Mieszkańców: 313 920

SRI LANKA
Stolica: Sri Dżajawardanapura Kotte
Mieszkańców: 20 653 000

MALEZJA
Stolica: Kuala Lumpur
Mieszkańców: 27 565 821

BRUNEI
Stolica: Bandar Seri Begawan
Mieszkańców: 407 045

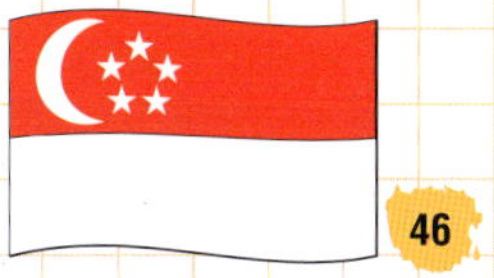

SINGAPUR
Stolica: Singapur
Mieszkańców: 3 771 721

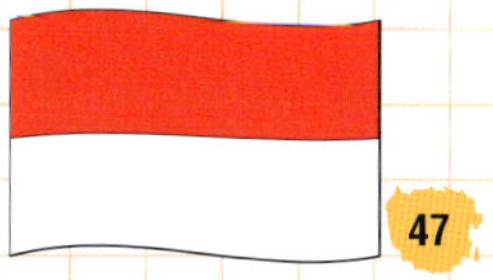

INDONEZJA
Stolica: Dżakarta
Mieszkańców: 237 556 363

TIMOR WSCHODNI
Stolica: Dili
Mieszkańców: 1 066 582

MAPA FIZYCZNA AFRYKI
EUROPA
AZJA
MORZE ŚRÓDZIEMNE
Cieśnina Gibraltarska
MADERA
WYSPY KANARYJSKIE
ATLAS
Oued Drâa
WIELKI ERG WSCHODNI
Szott el-Jerid
Zatoka Wielka Syrta
Kanał Sueski
PÓŁWYSEP SYNAJ
-133 Depresja Kattara
Zwrotnik Raka
WIELKI ERG ZACHODNI
FEZZAN
PUSTYNIA LIBIJSKA
Nil
MORZE CZERWONE
I Katarakta
Jezioro Nasera
Przylądek Biały
AHAGGAR
TIBESTI
PUSTYNIA NUBIJSKA
Emi Koussi 3415
SAHARA
III Katarakta
IV Katarakta
V Katarakta
Wyspy Zielonego Przylądka
ERG TÉNÉRÉ
Senegal
Niger
DORZECZE NIGRU
VI Katarakta
Zielony Przylądek
Jezioro Czad
GÓRY MARRA
Nil Błękitny
Ras Daszan 4620
Zatoka Adeńska
Przylądek Raas Caluula
ARCHIPELAG BIJAGÓS
Biała Wolta
SUDAN
Szari
DARFUR
Nil Biały
WYŻYNA ABISYŃSKA
GWINEA PÓŁNOCNA
Jezioro Wolta
Benue
DOLINA RYFTOWA
PÓŁWYSEP SOMALIJSKI
Wybrzeże Kości Słoniowej
Zatoka Beninska
Kamerun 4100
Oubangui
Jezioro Kyoga
Jezioro Turkana
Uebi Szebeli
OCEAN INDYJSKI
Wyspa Bioko
Zatoka Gwinejska
Równik
Wyspy Św. Tomasza i Książęca
Kongo
Uele
Wodospady Stanleya
Masyw Ruwenzori 5109
Jezioro Wiktorii
Kenia 5199
Giuba
DORZECZE KONGO
Przylądek Lopez
GWINEA POŁUDNIOWA
Kasai
Kilimandżaro 5895
Wodospady Livingstone'a
Jezioro Tanganika
Step Masajów
Pemba
Zanzibar
AMIRANTY
Lualaba
GÓRY MITUMBA
Wyspa Wniebowstąpienia
KOMORY
SESZELE
OCEAN ATLANTYCKI
WYSPY FARQUHAR
Przylądek Babaomby
PŁASKOWYŻ BIJÉ
Jezioro Niassa
Majotta
GÓRY MUCHINGA
Zambezi
Wyspa Świętej Heleny
Przylądek Fria
Wodospady Wiktorii
Okawango
Bagna Okawango
Kanał Mozambicki
Góra Ankaratra 2642
Zatoka Sofala
Madagaskar
PUSTYNIA NAMIB
PUSTYNIA KALAHARI
Limpopo
Reunion
Zwrotnik Koziorożca
Przylądek Vohimena
Vaal
Oranje
Zatoka Świętej Heleny
GÓRY SMOCZE
Przylądek Dobrej Nadziei
Przylądek Igielny
a
WYSPY CARGADOS CARAJOS
MASKARENY
Mauritius
Rodrigues
0 200 400 600 800 1000 km
Skala 1 : 33 000 000

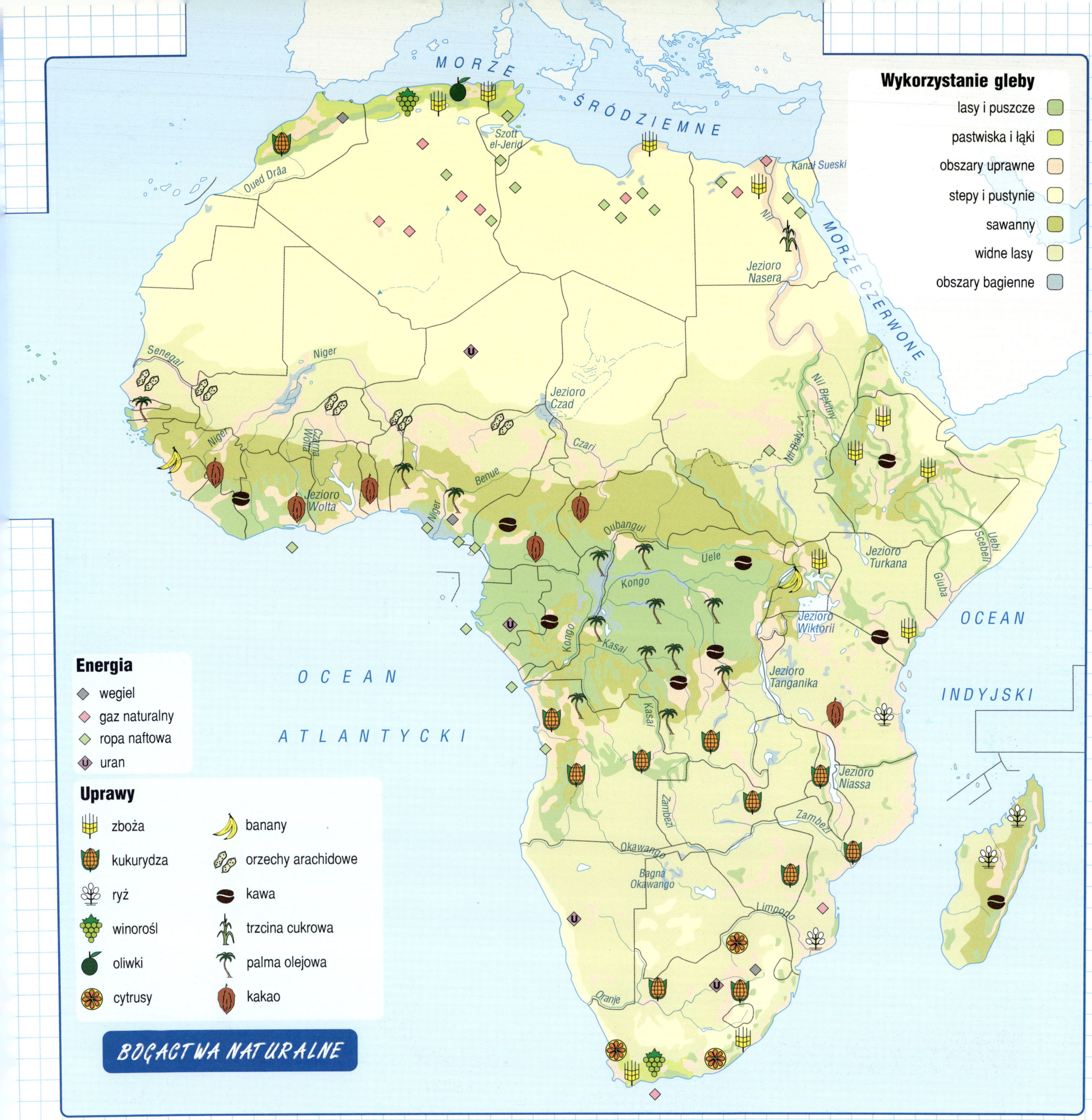

MORZE ŚRÓDZIEMNE
MORZE CZERWONE
OCEAN ATLANTYCKI
OCEAN INDYJSKI
Wykorzystanie gleby
lasy i puszcze
pastwiska i łąki
obszary uprawne
stepy i pustynie
sawanny
widne lasy
obszary bagienne
Energia
węgiel
gaz naturalny
ropa naftowa
uran
Uprawy
zboża
kukurydza
ryż
winorośl
oliwki
cytrusy
banany
orzechy arachidowe
kawa
trzcina cukrowa
palma olejowa
kakao
BOGACTWA NATURALNE
Szott el-Jerid
Oued Drâa
Kanał Sueski
Nil
Jezioro Nasera
Senegal
Niger
Jezioro Czad
Nil Błękitny
Nil Biały
Czari
Benue
Czarna Wolta
Jezioro Wolta
Oubangui
Uele
Kongo
Kasai
Jezioro Turkana
Uebi Szebeli
Giuba
Jezioro Wiktorii
Jezioro Tanganika
Jezioro Niassa
Zambezi
Okawango
Bagna Okawango
Limpopo
Oranje

MAPA POLITYCZNA AFRYKI
EUROPA
AZJA
MORZE ŚRÓDZIEMNE
MORZE CZERWONE
Zatoka Adeńska
OCEAN INDYJSKI
OCEAN ATLANTYCKI
Zatoka Gwinejska
Cieśnina Gibraltarska
Kanał Mozambicki
Zwrotnik Raka
Zwrotnik Koziorożca
Równik
Madera (Portugalia)
Wyspy Kanaryjskie (Hiszpania)
Sahara Zachodnia (okupowana przez Maroko)
WYSPY ZIELONEGO PRZYLĄDKA
Praia
MAROKO
Rabat
Tanger
Casablanca
Fez
Marakesz
Laayoune
ALGIERIA
Algier
Oran
Annaba
Costantina
Tamenghest
TUNEZJA
Tunis
LIBIA
Tripolis
Bengazi
Murzuq
EGIPT
Kair
Aleksandria
Giza
Asuan
Nil
Jezioro Nasera
MAURETANIA
Nawakszut
Nouâdhibou
SENEGAL
Dakar
GAMBIA
Bandżul
GWINEA-BISSAU
Bissau
GWINEA
Konakry
SIERRA LEONE
Freetown
LIBERIA
Monrowia
MALI
Bamako
Timbuktu
Niger
BURKINA FASO
Ouagadougou
WYBRZEŻE KOŚCI SŁONIOWEJ
Yamoussoukro
Abidżan
GHANA
Akra
TOGO
Lomé
BENIN
Porto-Novo
NIGER
Niamey
Agadez
NIGERIA
Abudża
Kano
Ibadan
Lagos
CZAD
Ndżamena
Abéché
Jezioro Czad
SUDAN
Chartum
Omdurman
Port Sudan
Nil Błękitny
Nil Biały
ERYTREA
Asmara
DŻIBUTI
Dżibuti
ETIOPIA
Addis Abeba
SOMALIA
Mogadisz
Hargeysa
Wau
Dżuba
B
REPUBLIKA ŚRODKOWOAFRYKAŃSKA
Bangui
KAMERUN
Yaoundé
Malabo
WYSPY ŚW. TOMASZA I KSIĄŻĘCA
Sao Tomé
GWINEA RÓWNIKOWA
GABON
Libreville
KONGO
Brazzaville
DEMOKRATYCZNA REPUBLIKA KONGA
Kinszasa
Kongo
Matadi
Kananga
Lubumbashi
UGANDA
Kampala
Jezioro Turkana
KENIA
Nairobi
Mombasa
Jezioro Wiktorii
RUANDA
Kigali
BURUNDI
Bujumbura
Jezioro Tanganika
TANZANIA
Dodoma
Dar es Salaam
ANGOLA
Luanda
Huambo
ZAMBIA
Lusaka
Zambezi
MALAWI
Lilongwe
Jezioro Niassa
MOZAMBIK
Maputo
Beira
ZIMBABWE
Harare
Bulawayo
NAMIBIA
Windhoek
Walvis Bay
Przylądek Fria
BOTSWANA
Gaborone
REPUBLIKA POŁUDNIOWEJ AFRYKI
Pretoria
Johannesburg
Durban
Port Elizabeth
Kapsztad
Przylądek Dobrej Nadziei
Oranje
LESOTHO
Maseru
SUAZI
Mbabane
MADAGASKAR
Antananarywa
Antsiranana
Toamasina
Przylądek Vohimena
KOMORY
Moroni
Mayotte (Francja)
SESZELE
Wiktoria
AMIRANTY
WYSPY FARQUHAR
Reunion (Francja)
Wyspa Wniebowstąpienia (Wlk. Brytania)
Wyspa Świętej Heleny (Wlk. Brytania)
Ⓑ Sudan Południowy, po przeprowadzonym w 2010 roku referendum, 09.07.2011 roku ogłosił swoją niepodległość.
a
MADAGASKAR
WYSPY CARGADOS CARAJOS
MASKARENY
MAURITIUS
Port Louis
Reunion (Francja)
0 200 400 600 800 1000 km
Skala 1 : 33 000 000

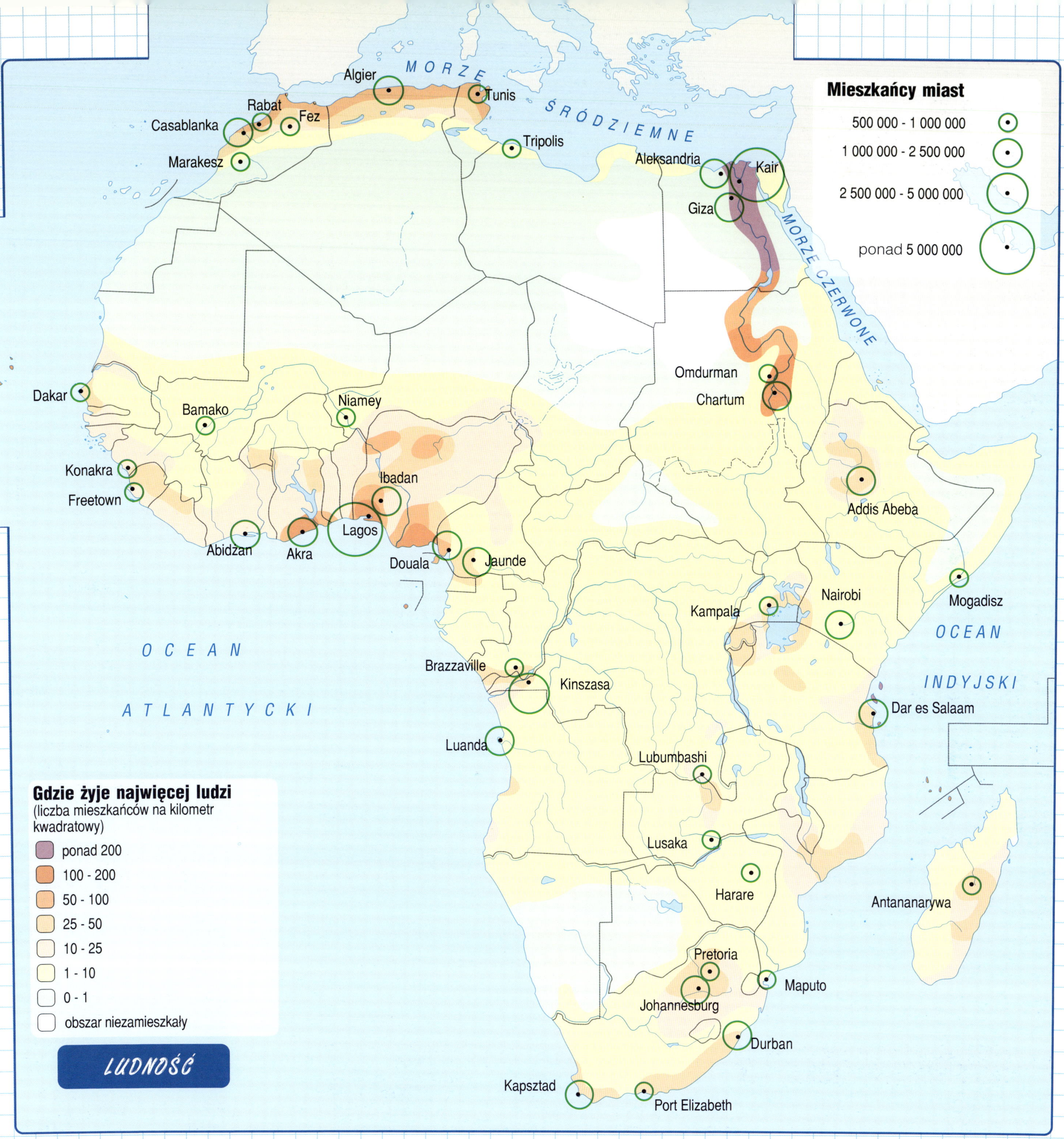
Mieszkańcy miast
500 000 - 1 000 000
1 000 000 - 2 500 000
2 500 000 - 5 000 000
ponad 5 000 000
Gdzie żyje najwięcej ludzi
(liczba mieszkańców na kilometr kwadratowy)
ponad 200
100 - 200
50 - 100
25 - 50
10 - 25
1 - 10
0 - 1
obszar niezamieszkały
LUDNOŚĆ
MORZE ŚRÓDZIEMNE
MORZE CZERWONE
OCEAN ATLANTYCKI
OCEAN INDYJSKI
Algier
Tunis
Rabat
Fez
Casablanka
Marakesz
Tripolis
Aleksandria
Kair
Giza
Omdurman
Chartum
Dakar
Bamako
Niamey
Konakra
Freetown
Ibadan
Lagos
Abidżan
Akra
Douala
Jaunde
Addis Abeba
Nairobi
Kampala
Mogadisz
Brazzaville
Kinszasa
Luanda
Dar es Salaam
Lubumbashi
Lusaka
Harare
Antananarywa
Pretoria
Johannesburg
Maputo
Durban
Kapsztad
Port Elizabeth

Czy wiesz, że...

W Egipcie, w Gizie, Wielka Piramida Cheopsa wznosi się na wysokość 147 metrów, piramida Chefrena osiąga 137 metrów, a Mykerinosa 65 metrów. Cztery boki Wielkiej Piramidy są nakierowane idealnie na cztery strony świata, a w starożytności były pokryte białym marmurem. Przez blisko 4000 lat pozostawała ona najwyższą budowlą świata, aż do roku 1311, kiedy została zdetronizowana przez katedrę w Lincoln w Anglii.

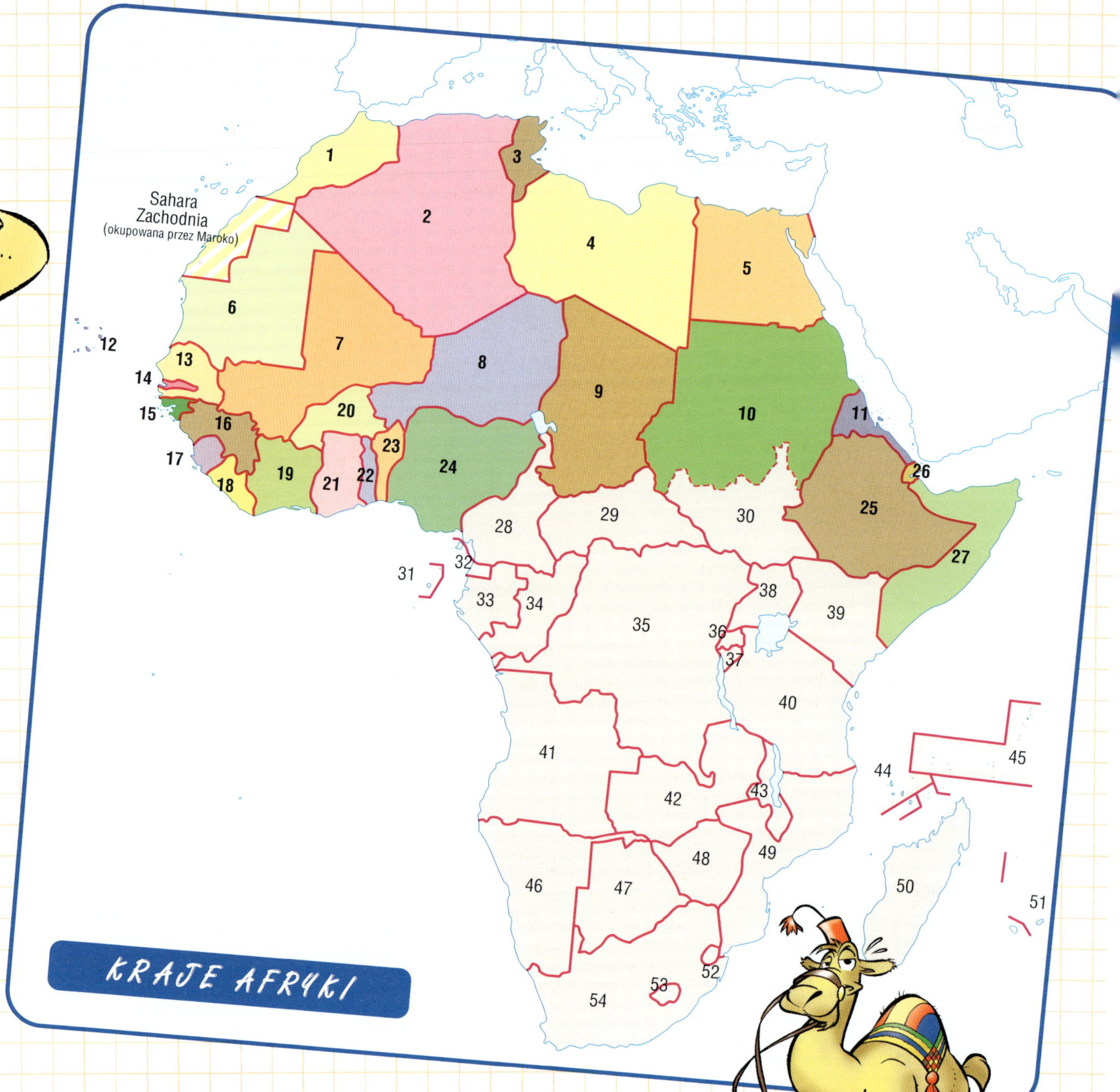

1

MAROKO
Stolica: Rabat
Mieszkańców: 32 381 283

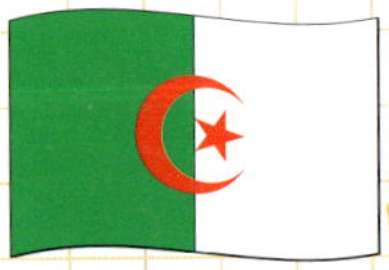

2

ALGIERIA
Stolica: Algier
Mieszkańców: 35 422 589

3

TUNEZJA
Stolica: Tunis
Mieszkańców: 10 549 000

4

LIBIA
Stolica: Trypolis
Mieszkańców: 6 545 619

5

EGIPT
Stolica: Kair
Mieszkańców: 79 602 000

6

MAURETANIA
Stolica: Nawakszut
Mieszkańców: 3 365 675

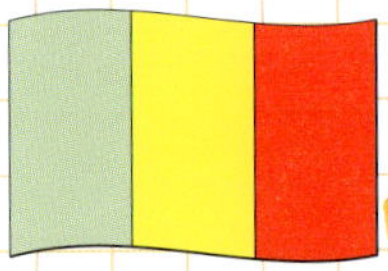

7

MALI
Stolica: Bamako
Mieszkańców: 13 323 104

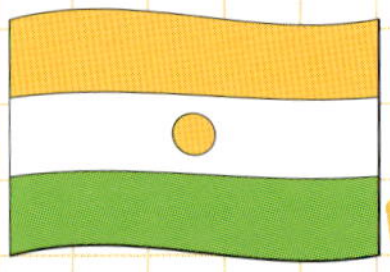

8

NIGER
Stolica: Niamey
Mieszkańców: 15 207 000

9

CZAD
Stolica: Ndżamena
Mieszkańców: 11 506 130

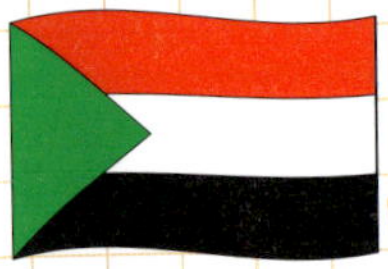

10

SUDAN
Stolica: Chartum
Mieszkańców: 34 900 000

11

ERYTREA
Stolica: Asmara
Mieszkańców: 5 223 994

12

REPUBLIKA ZIELONEGO PRZYL.
Stolica: Prala
Mieszkańców: 491 875

13

SENEGAL
Stolica: Dakar
Mieszkańców: 12 860 717

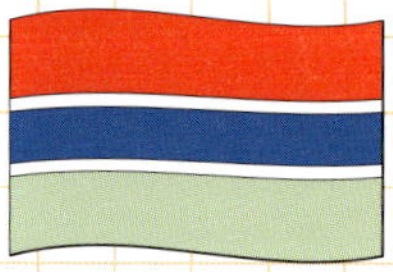

14

GAMBIA
Stolica: Bandżul
Mieszkańców: 1 750 732

GEO... quiz!

1. Dakar był przez wiele lat metą międzynarodowego wyścigu samochodowego. Czy wiesz jakiego kraju jest stolicą?

A Gwinei B Mauretanii C Senegalu

2. Przez Sudan przepływa najdłuższa rzeka Afryki. Jak się nazywa?

A Kongo B Niger C Nil

3. Algieria opiera swoją gospodarkę na wydobyciu ropy naftowej, ale ważną rolę pełni tu również rybołówstwo. Nad jakim morzem leżą algierskie porty?

A Czerwonym B Śródziemnym C Czarnym

4. Maroko jest znane z kilku miast, które przez wieki były siedzibą wielu królewskich rodów. Jedno z nich stało się stolicą tego kraju. Które?

A Fez B Marrakesz C Rabat

Ciekawostka...

300 000 lat temu Sahara była bujną puszczą, zamieszkaną przez zwierzęta i dawne ludy, które zajmowały się hodowlą i polowaniami; świadectwem tych czasów są liczne rysunki naskalne.

Tuaregowie to koczowniczy lud żyjący na Saharze, nazywany „Błękitnymi ludźmi" z powodu ich zwyczaju okrywania twarzy niebieskimi szalami. Pochodzący od starożytnych plemion Berberów, nauczyli się określać swoje położenie pośród jednolitych wydm pustyni przy użyciu Słońca i gwiazd. Podróżują na grzbietach wielbłądów, a w ostatnim czasie zostali uznani przez ONZ za „ludność autochtońską", czyli silnie związaną z zamieszkiwanym przez nią terytorium.

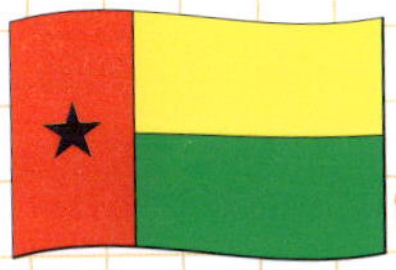

15

GWINEA-BISSAU
Stolica: Bissau
Mieszkańców: 1 467 380

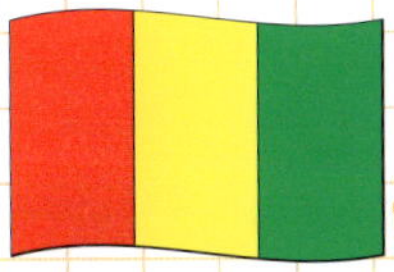

16

GWINEA
Stolica: Konakry
Mieszkańców: 10 323 755

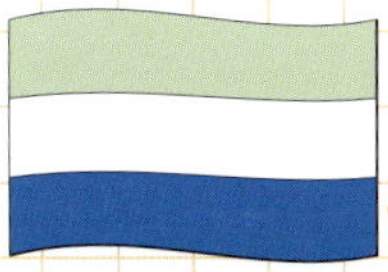

17

SIERRA LEONE
Stolica: Freetown
Mieszkańców: 5 835 664

18

LIBERIA
Stolica: Monrovia
Mieszkańców: 4 101 767

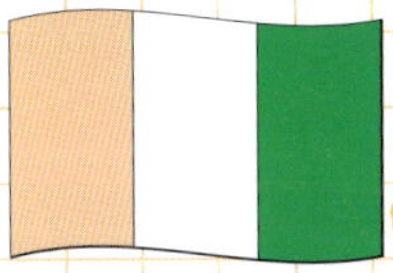

19

WYBRZEŻE KOŚCI SŁONIOWEJ
Stolica: Jamusukro
Mieszkańców: 21 570 746

20

BURKINA FASO
Stolica: Wagadugu
Mieszkańców: 15 730 977

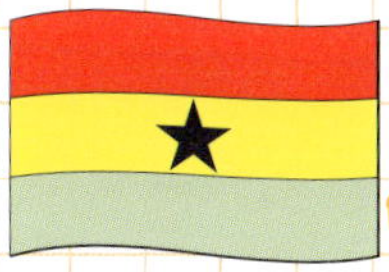

21

GHANA
Stolica: Akra
Mieszkańców: 24 223 431

22

TOGO
Stolica: Lomé
Mieszkańców: 5 753 324

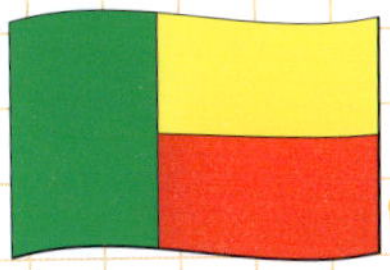

23

BENIN
Stolica: Porto-Novo
Mieszkańców: 9 211 741

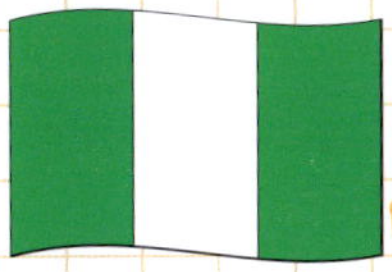

24

NIGERIA
Stolica: Abudża
Mieszkańców: 158 258 917

25

ETIOPIA
Stolica: Addis Abeba
Mieszkańców: 82 101 998

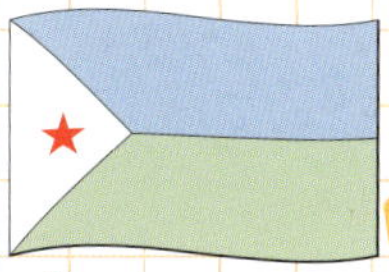

26

DŻIBUTI
Stolica: Dżibuti
Mieszkańców: 879 053

27

SOMALIA
Stolica: Mogadiszu
Mieszkańców: 9 358 602

Czy wiesz, że...

W lasach na granicy między Ugandą i Demokratyczną Republiką Konga żyje goryl górski, największy gatunek małpy żyjący współcześnie na naszej planecie. Wyobraź sobie, że dorosły samiec może ważyć nawet 200 kilogramów i zjadać każdego dnia do 34 kg liści, pędów i kory! Z powodu polowań i wojny domowej w Kongo, goryle górskie są na skraju wyginięcia.

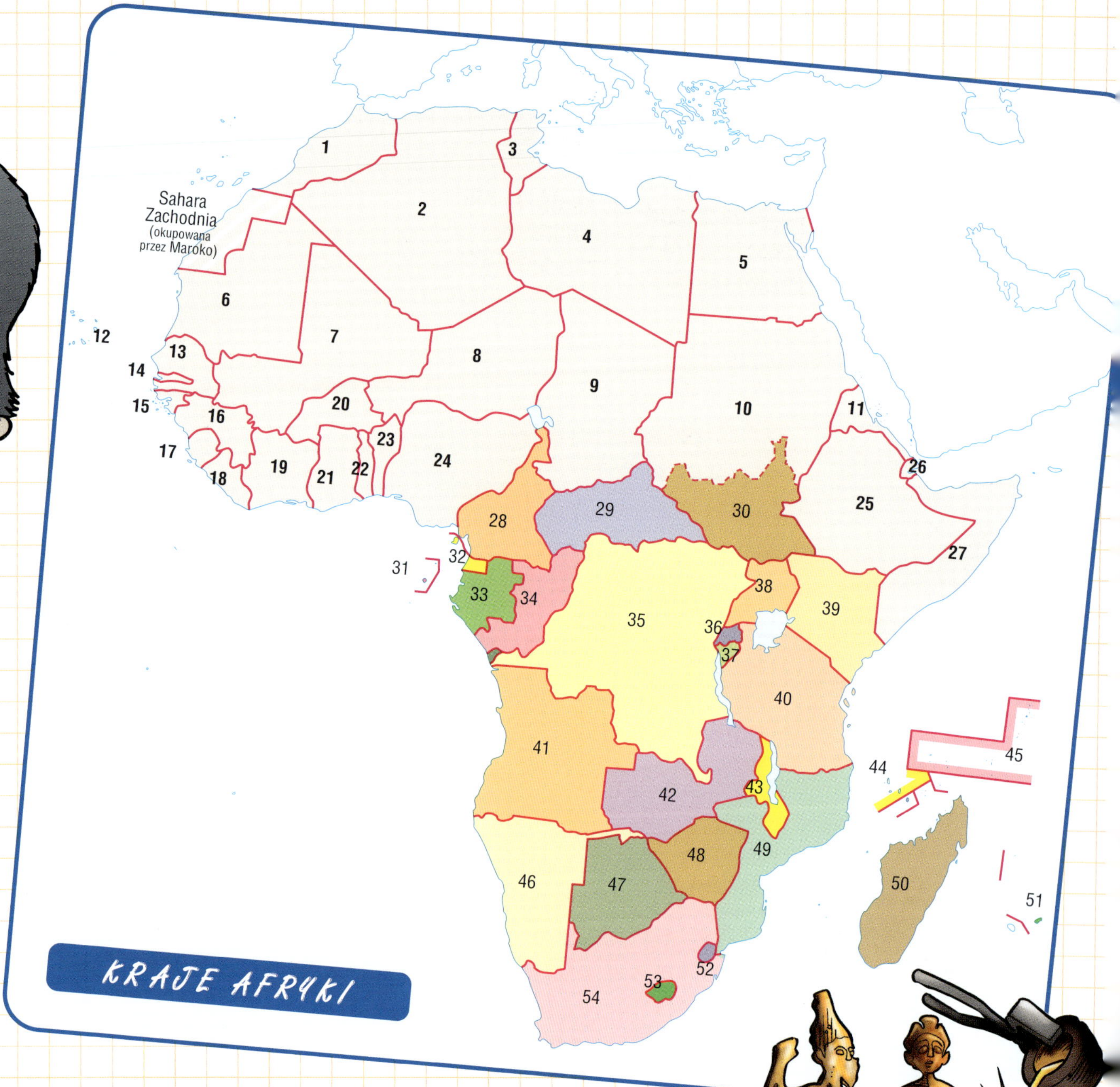

28
KAMERUN
Stolica: Jaunde
Mieszkańców: 19 406 100

29
REP. ŚRODKOWOAFRYKAŃSKA
Stolica: Bangi
Mieszkańców: 4 505 945

30
SUDAN POŁUDNIOWY
Stolica: Dżuba
Mieszkańców: 8

31
ŚW. TOMASZA I KSIĄŻĘCA
Stolica: Sao Tomé
Mieszkańców: 165 397

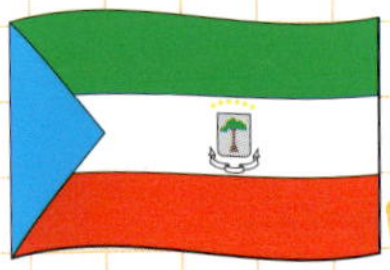
32
GWINEA RÓWNIKOWA
Stolica: Malabo
Mieszkańców: 693 385

33
GABON
Stolica: Libreville
Mieszkańców: 1 501 266

34
KONGO
Stolica: Brazzaville
Mieszkańców: 3 758 678

35
DEM. REPUBLIKA KONGA
Stolica: Kinszasa
Mieszkańców: 67 827 495

36
RWANDA
Stolica: Kigali
Mieszkańców: 10 992 707

37
BURUNDI
Stolica: Bużumbura
Mieszkańców: 8 518 862

38
UGANDA
Stolica: Kampala
Mieszkańców: 31 784 000

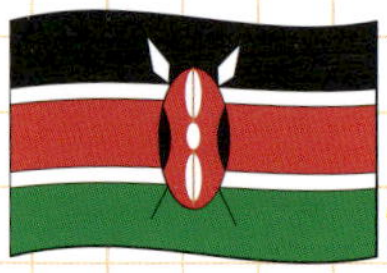
39
KENIA
Stolica: Nairobi
Mieszkańców: 40 892 900

40
TANZANIA
Stolica: Dodoma
Mieszkańców: 45 039 573

41
ANGOLA
Stolica: Luanda
Mieszkańców: 18 992 707

GEO... quiz!

1. W środkowej części kontynentu znajdują się dwa kraje, których nazwa zawiera słowo Kongo. Od czego wzięły swoją nazwę?

A od góry B od jeziora C od rzeki

2. W Namibii znajduje się najsłynniejsza pustynia przybrzeżna na świecie: Namib. Na jaki ocean wychodzą jej wysokie piaszczyste wydmy?

A Spokojny B Atlantycki C Indyjski

3. Największa afrykańska wyspa jest domem dla lemurów, zwanych także małpiatkami. Czy wiesz, o jakiej wyspie mówimy?

A Madagaskar B Zanzibar C Reunion

4. Kenia uzyskała niepodległość w 1963 roku i dzisiaj stanowi jeden z krajów Afryki o największym przemyśle turystycznym. Jak się nazywa jej stolica?

A Dodoma B Kampala C Nairobi

Ciekawostka...

Republika Południowej Afryki jest krajem położonym na dolnym krańcu Afryki i łączy na swoim terenie wszystkie środowiska naturalne, jakie można spotkać na tym kontynencie. Południowe wybrzeże charakteryzuje się klimatem podobnym do śródziemnomorskiego, natomiast na wschodzie znajduje się pustynia. Na północy rozpościerają się trawiaste niziny sawanny, zamieszkałe przez najbardziej znane zwierzęta afrykańskie, jak lew, słoń czy żyrafa. I w końcu, wzdłuż rzek rosną lasy tropikalne.

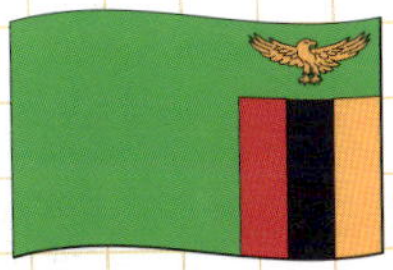
42
ZAMBIA
Stolica: Lusaka
Mieszkańców: 13 046 508

43
MALAWI
Stolica: Lilongwe
Mieszkańców: 13 947 592

44
KOMORY
Stolica: Moroni
Mieszkańców: 687 052

45
SESZELE
Stolica: Wiktoria
Mieszkańców: 88 311

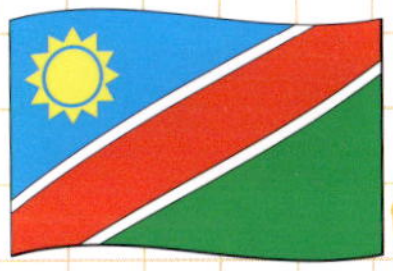
46
NAMIBIA
Stolica: Windhoek
Mieszkańców: 2 143 411

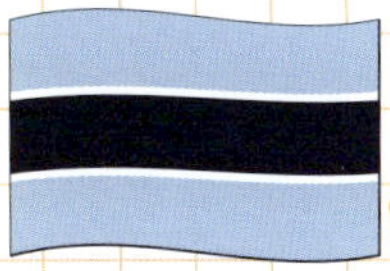
47
BOTSWANA
Stolica: Gaborone
Mieszkańców: 1 977 569

48
ZIMBABWE
Stolica: Harare
Mieszkańców: 12 644 041

49
MOZAMBIK
Stolica: Maputo
Mieszkańców: 22 417 093

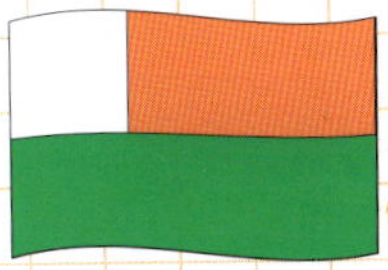
50
MADAGASKAR
Stolica: Antananarywa
Mieszkańców: 20 146 422

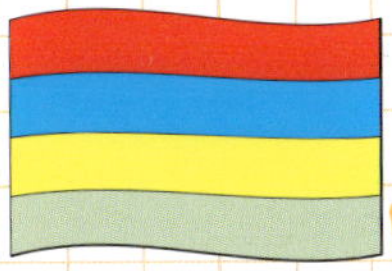
51
MAURITIUS
Stolica: Port Louis
Mieszkańców: 1 296 569

52
LESOTHO
Stolica: Maseru
Mieszkańców: 2 084 182

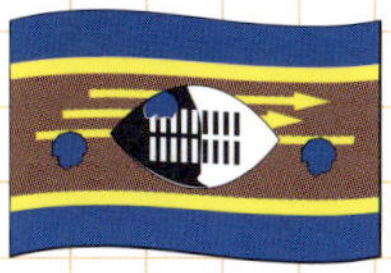
53
SUAZI
Stolica: Mbabane
Mieszkańców: 1 201 904

54
REP. POŁUDNIOWEJ AFRYKI
Stolica: Pretoria
Mieszkańców: 49 991 300

MAPA FIZYCZNA AMERYKI PÓŁNOCNEJ
AZJA
EUROPA
AMERYKA POŁUDNIOWA
OCEAN ARKTYCZNY
OCEAN SPOKOJNY
OCEAN ATLANTYCKI
Przylądek Morris Jesup
MORZE GRENLANDZKIE
GRENLANDIA
Cieśnina Duńska
Cieśnina Beringa
MORZE BERINGA
Point Barrow
MORZE BEAUFORTA
WYSPY KRÓLOWEJ ELŻBIETY
WYSPY SVERDRUPA
Ellesmere
ARCHIPELAG PERRY'EGO
Devon
Wyspa Banksa
Wiktoria
Półwysep Boothia
Półwysep Melville
Ziemia Baffina
Zatoka Baffina
Cieśnina Davisa
Przylądek Farvel
Góry Brooksa
2682
Koło podbiegunowe północne
Jukon
Półwysep Alaska
Góry Alaska
6194 McKinley
Logan 5959
Góry Mackenzie
Mackenzie
Wielkie Jezioro Niedźwiedzie
Zatoka Alaskańska
ARCHIPELAG ALEKSANDRA
WYSPA KRÓLOWEJ CHARLOTTY
Góry Nadbrzeżne
GÓRY SKALISTE
Wielkie Jezioro Niewolnicze
Peace
Jezioro Athabasca
Jezioro Reindeer
South-ampton
Cieśnina Hudsona
MORZE LABRADORSKIE
PÓŁWYSEP UNGAVA
Zatoka Hudsona
LABRADOR
Nelson
Jezioro Winnipeg
Jezioro Manicouagan
Jezioro Mistassini
NOWA ZIEMIA
Przylądek Race
Saint-Pierre i Miquelon
Vancouver
Columbia
WIELKIE RÓWNINY
Missouri
Jezioro Górne
Jezioro Huron
Jezioro Michigan
Jezioro Ontario
Rzeka Św. Wawrzyńca
NOWA SZKOCJA
Przylądek Mendocino
Snake
Wielkie Jezioro Słone
Missisipi
Wodospad Niagara
Przylądek Cod
Wielka Kotlina
-86 Dolina Śmierci
Platte
Jezioro Erie
APPALACHY
Wielki Kanion Kolorado
Kolorado
Arkansas
Ohio
BERMUDY
Tennessee
NIZINA ATLANTYCKA
Red
Guadelupe
PÓŁWYSEP KALIFORNIJSKI
Zatoka Kalifornijska
Rio Grande
Rio Bravo
SIERRA MADRE ZACHODNIA
WYŻYNA MEKSYKAŃSKA
SIERRA MADRE WSCHODNIA
FLORYDA
Przylądek Canaveral
WYSPY BAHAMA
Zwrotnik Raka
Zatoka Meksykańska
Przylądek Sable
Cieśnina Florydzka
WYSPY TURKS I CAICOS
Przylądek San Lucas
Kuba
Hispaniola
Portoryko
WYSPY DZIEWICZE
Barbuda
Antigua
Gwadelupa
Saint Kitts
Dominica
Martynika
Saint Lucia
Barbados
Saint Vincent
Grenada
WIELKIE ANTYLE
MAŁE ANTYLE
KAJMANY
Jamajka
Zatoka Campeche
JUKATAN
5610 Orizaba
ARCHIPELAG REVILLAGIGEDO
Zatoka Honduraska
Antyle Holenderskie
MORZE KARAIBSKIE
Zatoka Tehuantepec
Tajumulco 4220
3819 Cerro Las Minas
Jezioro Nikaragua
Cerro Chirripó 3819
Przesmyk Panamski
Zatoka Panamska
Clipperton
0 200 400 600 800 1000 km
Skala 1 : 33 000 000

BOGACTWA NATURALNE
Wykorzystanie gleby
nieużytki
tundra
lasy i puszcze
pastwiska i łąki
obszary uprawne
pustynie
stepy, prerie
obszary bagienne
widne lasy
Uprawy
zboża
kukurydza
winorośl
cytrusy
buraki
banany
orzechy arachidowe
kawa
trzcina cukrowa
kakao
soja
Energia
węgiel
gaz naturalny
ropa naftowa
uran
OCEAN ARKTYCZNY
OCEAN SPOKOJNY
OCEAN ATLANTYCKI
OCEAN SPOKOJNY
Zatoka Hudsona
Zatoka Meksykańska
Morze Karaibskie
Jukon
Jukon
Mackenzie
Wielkie Jezioro Niedźwiedzie
Wielkie Jezioro Niewolnicze
Peace
Jezioro Reindeer
Nelson
Saskatchewan
Jezioro Winnipeg
Columbia
Snake
Missouri
Missouri
Jezioro Górne
Jezioro Huron
Jezioro Michigan
Missisipi
Rzeka Św. Wawrzyńca
Jezioro Ontario
Jezioro Erie
Ohio
Wielkie Jezioro Słone
Platte
Arkansas
Kolorado
Red
Missisipi
Rio Grande
Rio Bravo
Jezioro Nikaragua

MAPA POLITYCZNA AMERYKI PÓŁNOCNEJ
AZJA
EUROPA
OCEAN ARKTYCZNY
MORZE GRENLANDZKIE
MORZE BERINGA
Cieśnina Beringa
MORZE BEAUFORTA
WYSPA KRÓLOWEJ ELŻBIETY
WYSPY SVERDRUPA
WYSPY PARRY'EGO
Ellesmere
Alert
Qaanaaq
Grenlandia
(Dania)
Cieśnina Duńska
Tasiilaq
Nuuk
Zatoka Baffina
Ziemia Baffina
Cieśnina Davisa
Wyspa Banksa
Wiktoria
Point Barrow
Nome
ALASKA
(USA)
Koło podbiegunowe północne
Jukon
Anchorage
Inuvik
Wielkie Jezioro Niedźwiedzie
Mackenzie
Repulse Bay
Southampton
Ivujivik
Cieśnina Hudsona
MORZE LABRADORSKIE
Zatoka Alaskańska
Juneau
ARCHIPELAG ALEKSANDRA
WYSPA KRÓLOWEJ CHARLOTTY
Yellowknife
Wielkie Jezioro Niewolnicze
Zatoka Hudsona
Churchill
KANADA
Edmonton
Calgary
Regina
Jezioro Winnipeg
Winnipeg
Columbia
Vancouver
Seattle
Portland
NOWA ZIEMIA
Saint John's
Sept-Îles
Saint-Pierre i Miquelon
(Francja)
Halifax
NOWA SZKOCJA
Rzeka Św. Wawrzyńca
Québec
Montréal
Ottawa
Jezioro Górne
Jezioro Huron
Jezioro Ontario
Jezioro Michigan
Jezioro Erie
Toronto
Detroit
Great Falls
Snake
Fargo
Minneapolis
Missouri
Boston
Nowy Jork
Filadelfia
Baltimore
Waszyngton
Pittsburgh
Chicago
Indianapolis
Omaha
Kansas City
Saint Louis
Denver
Salt Lake City
Sacramento
San Francisco
OCEAN SPOKOJNY
Las Vegas
Los Angeles
San Diego
Kolorado
Phoenix
Albuquerque
Oklahoma City
STANY ZJEDNOCZONE AMERYKI
Missisipi
Memphis
Charlotte
Atlanta
Dallas
Jacksonville
Rio Grande
Rio Bravo
Ciudad Juárez
San Antonio
Houston
Nowy Orlean
OCEAN ATLANTYCKI
Bermudy
(Wlk. Brytania)
Guadelupe
(Meksyk)
Zatoka Kalifornijska
Zwrotnik Raka
La Paz
Culiacán
Torreón
Monterrey
MEKSYK
León
Guadalajara
Meksyk
Veracruz
Oaxaca
Mérida
Zatoka Meksykańska
Miami
Nassau
BAHAMY
Wyspy Turks i Caicos
(Wlk. Brytania)
Wyspy Dziewicze
(Wlk. Brytania - USA)
Hawana
KUBA
Kanał Jukatan
Santiago de Cuba
Port-au-Prince
HAITI
REP. DOMINIKANA
Santo Domingo
Portoryko
(Stany Zjednoczone)
San Juan
SAINT KITTS I NEVIS
ANTIGUA I BARBUDA
DOMINIKA
SAINT LUCIA
BARBADOS
SAINT VINCENT I GRENADYNY
GRENADA
Antyle Holenderskie
(Holandia)
JAMAIKA
Kingston
ARCHIPELAG REVILLAGIGEDO
(Meksyk)
BELIZE
Belmopan
GWATEMALA
Gwatemala
HONDURAS
Tegucigalpa
San Salvador
SALWADOR
NIKARAGUA
Managua
San José
KOSTARYKA
Panama
PANAMA
MORZE KARAIBSKIE
AMERYKA POŁUDNIOWA
Clipperton
(Francja)
0 200 400 600 800 1000 km
Skala 1 : 33 000 000

LUDNOŚĆ
OCEAN ARKTYCZNY
OCEAN SPOKOJNY
OCEAN ATLANTYCKI
Zatoka Hudsona
Zatoka Meksykańska
Morze Karaibskie
Mieszkańcy miast
1 000 000 - 2 500 000
2 500 000 - 5 000 000
5 000 000 - 10 000 000
ponad 10 000 000
Gdzie żyje najwięcej ludzi
(liczba mieszkańców na kilometr kwadratowy)
ponad 200
100 - 200
50 - 100
25 - 50
10 - 25
1 - 10
0 - 1
niezamieszkałe
Vancouver
Seattle
Portland
Sacramento
San Francisco
Los Angeles
San Diego
Phoenix
Denver
Minneapolis
Chicago
Detroit
Toronto
Ottawa
Montréal
Boston
Nowy Jork
Filadelfia
Pittsburgh
Baltimore
Waszyngton
Cincinnati
Saint Louis
Atlanta
Dallas
Houston
Nowy Orlean
Tampa
Miami
Hawana
Santo Domingo
San Juan
Port-au-Prince
Monterrey
Guadalajara
Meksyk
Gwatemala
San Salvador
Tegucigalpa
Managua
Panamá

Czy wiesz, że...

Krzysztof Kolumb nie był pierwszym Europejczykiem, który dotarł do wybrzeży Ameryki. Z pewnością przed nim uczynili to Wikingowie, którzy dotarli na wyspę Nowa Funlandia co najmniej 400 lat wcześniej. Świadczą o tym szczątki wioski Wikingów odkryte w 1960 roku przez dwóch norweskich archeologów.

KRAJE AMERYKI PÓŁNOCNEJ

1
KANADA
Stolica: Ottawa
Mieszkańców: 34 278 406

2
STANY ZJEDNOCZONE (USA)
Stolica: Waszyngton
Mieszkańców: 308 745 538

3
MEKSYK
Stolica: Meksyk
Mieszkańców: 112 336 568

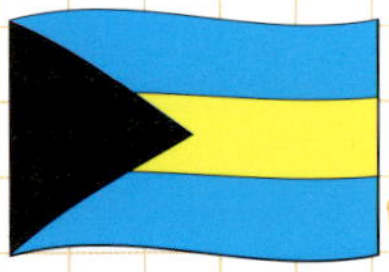
4
WYSPY BAHAMA
Stolica: Nassau
Mieszkańców: 353 658

5
KUBA
Stolica: Hawana
Mieszkańców: 11 241 161

6
JAMAJKA
Stolica: Kingston
Mieszkańców: 2 705 827

7
HAITI
Stolica: Port-au-Prince
Mieszkańców: 10 085 214

8
DOMINIKANA
Stolica: Santo Domingo
Mieszkańców: 9 378 819

9
ANTIGUA I BARBUDA
Stolica: Saint John's
Mieszkańców: 86 754

10
SAINT KITTS I NEVIS
Stolica: Basseterre
Mieszkańców: 49 868

11
SAINT LUCIA
Stolica: Castries
Mieszkańców: 165 595

12
DOMINIKA
Stolica: Roseau
Mieszkańców: 72 819

GEO... quiz!

1. Na północ od Kanady leży wyspa, należąca obecnie do Danii, która za parę lat może uzyskać niepodległość. Co to za wyspa?

A Ellesmere B Wiktoria C Grenlandia

2. Najludniejszym miastem Stanów Zjednoczonych jest Nowy Jork. Ale nie jest on stolicą USA. Stolica nazywa się tak, jak pierwszy prezydent tego kraju, czyli?

A Jackson B Waszyngton C Lincoln

3. W 1920 roku otwarto kanał, który łączy Ocean Atlantycki z Oceanem Spokojnym. Czy wiesz, jak się nazywa?

A Panamski B Sueski C Wielki Kanał

4. Pomiędzy Ameryką Północną i Ameryką Południową rozciąga się morze, na którym 400 lat temu roiło się od pirackich statków. Czy pamiętasz, jak się nazywa?

A Beringa B Labradorskie C Karaibskie

Ciekawostka...

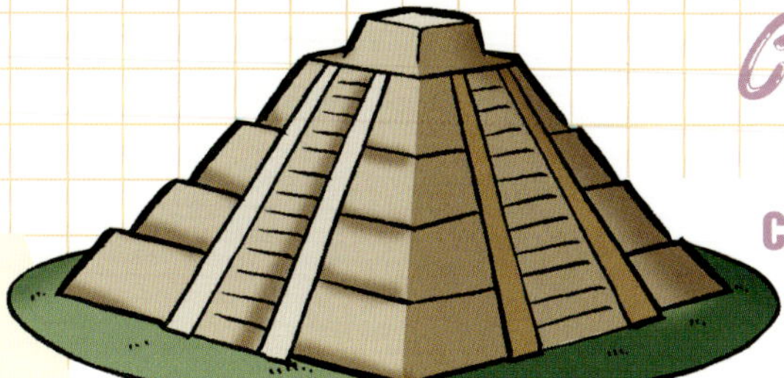

Cywilizacja Majów była już w okresie schyłku, kiedy Hiszpanie dotarli do Ameryki.
Nieznane są dokładne przyczyny tego stanu rzeczy, ale przypuszcza się, że techniki uprawy opanowane przez Majów nie były dość rozwinięte, aby wyżywić stale rosnącą liczbę ludności. Prawdopodobnie było to przyczyną klęsk głodu, a w konsekwencji również wojen i migracji. Podczas podboju konkwistadorzy hiszpańscy praktycznie nie napotkali jakiegokolwiek oporu, aż do momentu, w którym doszło do ich kontaktu z ludami Azteków i Inków, których bezlitośnie wymordowali.

Park Narodowy Yellowstone znajduje się w północno-zachodnich Stanach Zjednoczonych i jest najstarszym parkiem narodowym na świecie: powstał w 1872 roku.
Obejmuje on swoją ochroną wiele gatunków zwierząt, wśród których znajdują się niedźwiedzie grizzly, wilki, bizony i łosie.
Park ten jest znany również z gorących źródeł i gejzerów, wyrzucających wrzącą wodę na ponad 50 metrów. Dzieje się tak, ponieważ Yellowstone (co oznacza „żółty kamień", od koloru siarki) wznosi się na olbrzymim podziemnym „super wulkanie", który kiedyś może wybuchnąć.

13
SAINT VINCENT I GRENADYNY
Stolica: Kingstown
Mieszkańców: 109 284

14
BARBADOS
Stolica: Bridgetown
Mieszkańców: 276 302

15
GRENADA
Stolica: Saint George's
Mieszkańców: 104 342

16
GWATEMALA
Stolica: Gwatemala
Mieszkańców: 14 713 763

17
BELIZE
Stolica: Belmopan
Mieszkańców: 312 698

18
SALWADOR
Stolica: San Salvador
Mieszkańców: 6 183 002

19
HONDURAS
Stolica: Tegucigalpa
Mieszkańców: 8 045 990

20
NIKARAGUA
Stolica: Managua
Mieszkańców: 5 822 265

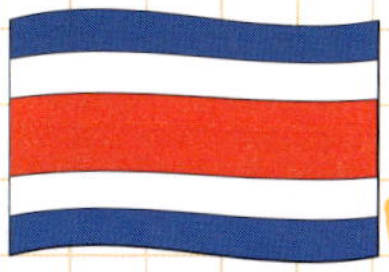
21
KOSTARYKA
Stolica: San José
Mieszkańców: 4 563 538

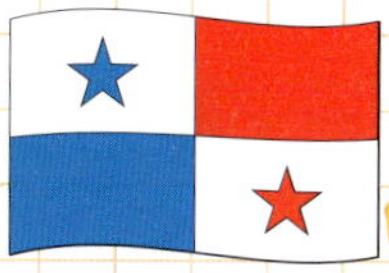
22
PANAMA
Stolica: Panama
Mieszkańców: 3 405 813

MAPA FIZYCZNA AMERYKI POŁUDNIOWEJ

Wykorzystanie gleby
nieużytki
lasy i puszcze
pastwiska i łąki
obszary uprawne
pustynie
obszary bagniste
widne lasy
sawanna
Uprawy
zboża
kukurydza
ryż
winorośl
cytrusy
banany
kawa
trzcina cukrowa
herbata
kakao
soja
Energia
węgiel
gaz naturalny
ropa naftowa
uran
BOGACTWA NATURALNE
Morze Karaibskie
OCEAN ATLANTYCKI
OCEAN SPOKOJNY
OCEAN ATLANTYCKI
Jezioro Maracaibo
Orinoko
Meta
Jari
Rio Negro
Amazonka
Japurá
Putumayo
Rio delle
Marañón
Juruá
Purus
Madeira
Tapajós
Xingu
Tocantins
Parnaíba
Dorzecze Sobradinho
Araguaia
Tocantins
São Francisco
Guaporé
Jezioro Titicaca
Paragwaj
Pilcomayo
Paraná
Salado
Urugwaj
Paraná
Colorado

MAPA POLITYCZNA AMERYKI POŁUDNIOWEJ
AMERYKA PÓŁNOCNA
MORZE KARAIBSKIE
AFRYKA
OCEAN ATLANTYCKI
OCEAN SPOKOJNY
Równik
Zwrotnik Koziorożca
Barranquilla
Maracaibo
Caracas
Port of Spain
TRINIDAD I TOBAGO
Barquisimeto
Orinoko
Ciudad Guayana
WENEZUELA
Georgetown
GUJANA
SURINAM
Paramaribo
Kajenna
Gujana Francuska
Medellín
KOLUMBIA
Bogota
Cali
Boa Vista
Macapá
Wyspa Kokosowa
(Kostaryka)
Malpelo
(Kolumbia)
Quito
EKWADOR
Guayaquil
WYSPY GALAPAGOS
(Ekwador)
Putumayo
Japurá
Rio Negro
Amazonka
Rio delle
Manaus
Belém
Iquitos
Marañón
Ucayali
Purus
Madeira
Tapajós
Xingu
Tocantins
BRAZYLIA
Fortaleza
Teresina
Fernando de Noronha
(Brazylia)
Recife
Rio Branco
Porto Velho
Trujillo
PERU
Lima
Cusco
Ica
Arequipa
Arica
Jezioro Titicaca
La Paz
Trinidad
BOLIWIA
Sucre
Cuiabá
Brasilia
Salvador
Goiânia
Sao Francisco
Montes Claros
Campo Grande
Belo Horizonte
Pilcomayo
PARAGWAJ
Paraná
Sao Paulo
Rio de Janeiro
Santos
Trindade
(Brazylia)
WYSPA MARTIN VAZ
(Brazylia)
Antofagasta
Salta
Asunción
CHILE
Corrientes
Kurytyba
WYSPY DESVENTURADAS
(Chile)
Coquimbo
Cordoba
Pôrto Alegre
Urugwaj
WYSPY JUAN FERNÁNDEZ
(Chile)
Valparaíso
Santiago
Mendoza
URUGWAJ
Buenos Aires
Montevideo
Rio de la Plata
Concepción
ARGENTYNA
Bahía Blanca
Puerto Montt
Wyspa Chiloé
Comodoro Rivadavia
Wyspa Wellingtona
Falklandy
(Wlk. Brytania)*
Cieśnina Magellana
Punta Arenas
Ziemia Ognista
GEORGIA POŁUDNIOWA
(Wlk. Brytania)
* Wyspy, w stosunku do których Argentyna wystąpiła z żądaniami terytorialnymi
0 200 400 600 800 1000 km
Skala 1 : 33 000 000

Mieszkańcy miast
1 000 000 - 2 500 000
2 500 000 - 5 000 000
5 000 000 - 10 000 000
ponad 10 000 000
Morze Karaibskie
OCEAN
ATLANTYCKI
Maracaibo
Barranquilla
Caracas
Medellin
Bogota
Cali
Quito
Guayaquil
Belem
Manaus
Fortaleza
Recife
Lima
Salwador
Brazylia
La Paz
OCEAN
Belo Horizonte
Asuncion
Sao Paolo
Rio de Janeiro
SPOKOJNY
Kurytyba
Cordoba
Pôrto Alegre
Santiago
Buenos Aires
Montevideo
OCEAN
ATLANTTYCKI
Gdzie żyje najwięcej ludzi
(liczba mieszkańców na kilometr kwadratowy)
ponad 200
100 - 200
50 - 100
25 - 50
10 - 25
1 - 10
0 - 1
niezamieszkałe
LUDNOŚĆ

Czy wiesz, że...

Wyspy Galapagos są rajem dla wszystkich miłośników natury. Znajdują się 1000 km na zachód od wybrzeży Ekwadoru i dzięki takiemu odizolowaniu stały się naturalnym laboratorium, w którym zwierzęta i rośliny ewoluowały tak, jakby istniały w zupełnie innym świecie. Wielki przyrodnik Charles Darwin, który dotarł tu w 1835 roku, studiując florę i faunę, odkrył mechanizmy ewolucji naturalnej. Symbolem wysp są żółwie olbrzymie: niektóre osobniki dorastają do 2 metrów długości, ważą 250 kg i dożywają nawet 100 lat.

Ciekawostka...

W Andach człowiek przystosował się do życia i pracy na bardzo dużych wysokościach. Oczywistymi przykładami są np. boliwijskie miasto La Paz, znajdujące się na wysokości 3627 m n.p.m. i peruwiańska kolej Lima-La Oroya, która dociera na wysokość 4829 m n.p.m. Ponieważ głównym problemem jest zmniejszona ilość tlenu, którym można oddychać, ludność zamieszkująca Andy ma bardziej wydolne płuca i typ krwi, będącej w stanie przetransportować więcej tlenu do mięśni i mózgu.

GEO... quiz!

Ciekawostka...

Wielka puszcza amazońska (lasy deszczowe) jest domem dla ponad 3 milionów gatunków roślin i zwierząt, przez co jest uważana za miejsce na Ziemi o największym „zróżnicowaniu naturalnym”. Odizolowane od świata, w puszczy żyją wciąż rodzime plemiona indiańskie, które mają znikomy kontakt ze światem zewnętrznym i których egzystencja jest zagrożona z powodu wycinania lasów, tworzenia sztucznych zbiorników wodnych i kopalni. Poprzez odpowiednie ustawy, brazylijski rząd stara się zapewnić tej ludności bezpieczną przyszłość.

1. Pustynia Atakama jest uważana za najbardziej suche miejsce na Ziemi. Mówi się, że deszcz nie padał tu od 400 lat! W jakim kraju się znajduje?

A Argentynie B Chile C Boliwii

2. Co roku Amazonka doprowadza do morza tak dużo słodkiej wody, że wystarczyłoby jej do zaopatrzenia Stanów Zjednoczonych przez pięć miesięcy. Do jakiego oceanu uchodzi ta rzeka?

A Atlantyckiego B Spokojnego C Indyjskiego

3. W Ameryce Południowej znajduje się jeszcze kolonia, Gujana Francuska, której stolica znana jest ze strasznego więzienia. Jak się nazywa?

A Paramaribo B Georgetown C Kajenna

4. W Wenezueli znajduje się najwyższy na świecie wodospad. Jego wysokość sięga 979 m. Jak się nazywa?

A Salto Angel B Iguazu C Niagara

1

KOLUMBIA
Stolica: Bogota
Mieszkańców: 45 508 205

2

WENEZUELA
Stolica: Caracas
Mieszkańców: 29 277 736

3

TRINIDAD I TOBAGO
Stolica: Port of Spain
Mieszkańców: 1 317 714

4

GUJANA
Stolica: Georgetown
Mieszkańców: 761 442

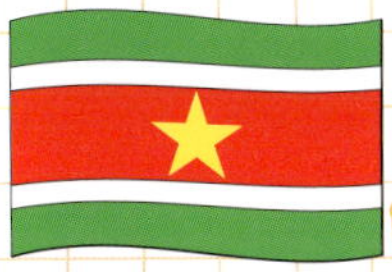

5

SURINAM
Stolica: Paramaribo
Mieszkańców: 524 345

6

EKWADOR
Stolica: Quito
Mieszkańców: 14 306 876

7

PERU
Stolica: Lima
Mieszkańców: 29 461 933

8

BRAZYLIA
Stolica: Brasilia
Mieszkańców: 190 755 799

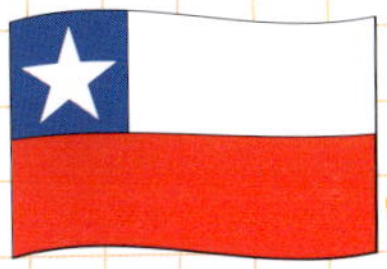

9

CHILE
Stolica: Santiago
Mieszkańców: 17 094 275

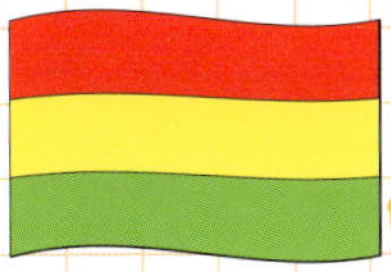

10

BOLIWIA
Stolica: La Paz
Mieszkańców: 10 426 155

11

PARAGWAJ
Stolica: Asunción
Mieszkańców: 6 459 727

12

ARGENTYNA
Stolica: Buenos Aires
Mieszkańców: 40 091 359

13

URUGWAJ
Stolica: Montevideo
Mieszkańców: 3 356 584

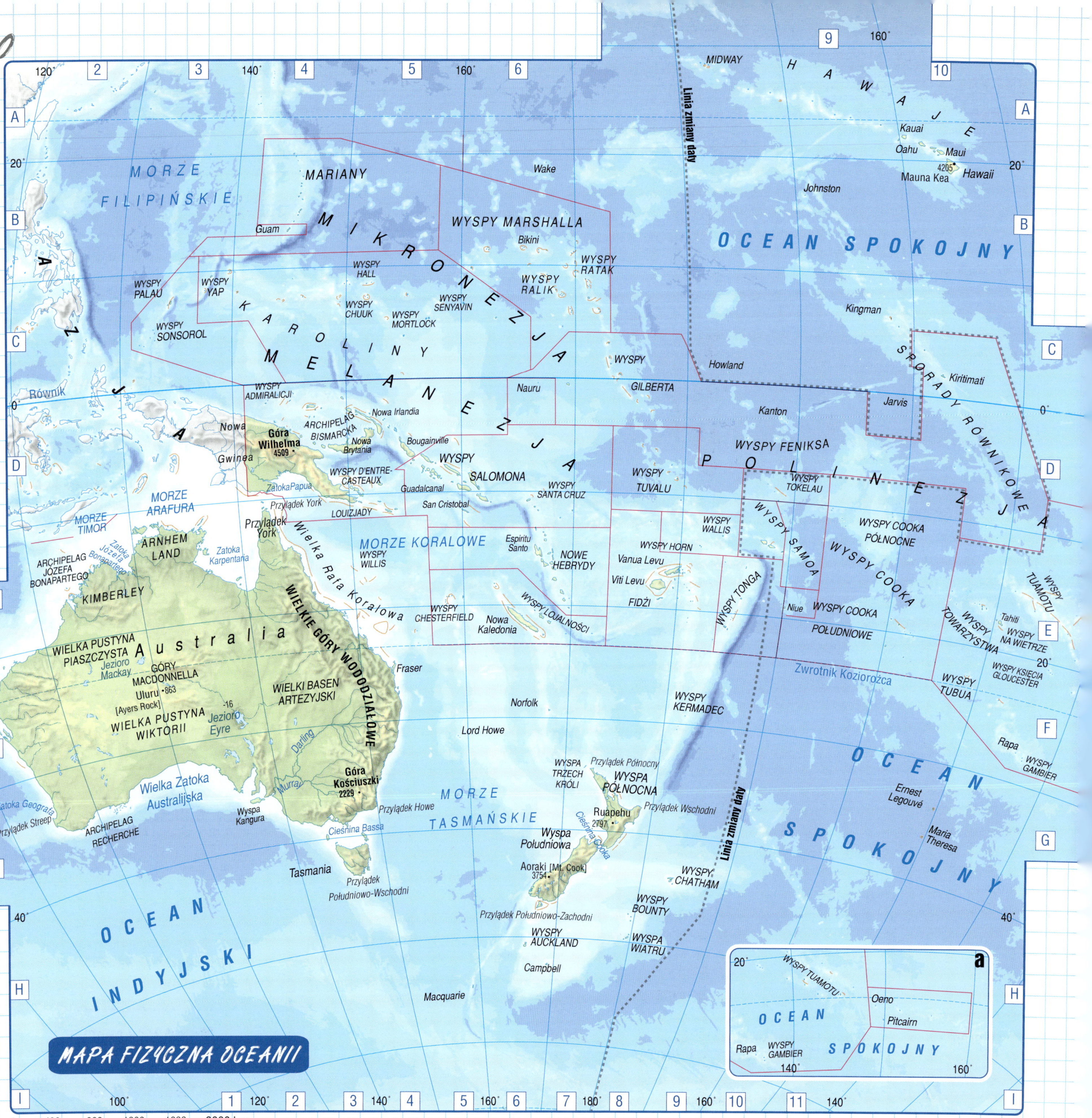

0 400 800 1200 1600 2000 km

Skala 1 : 42 000 000

BOGACTWA NATURALNE

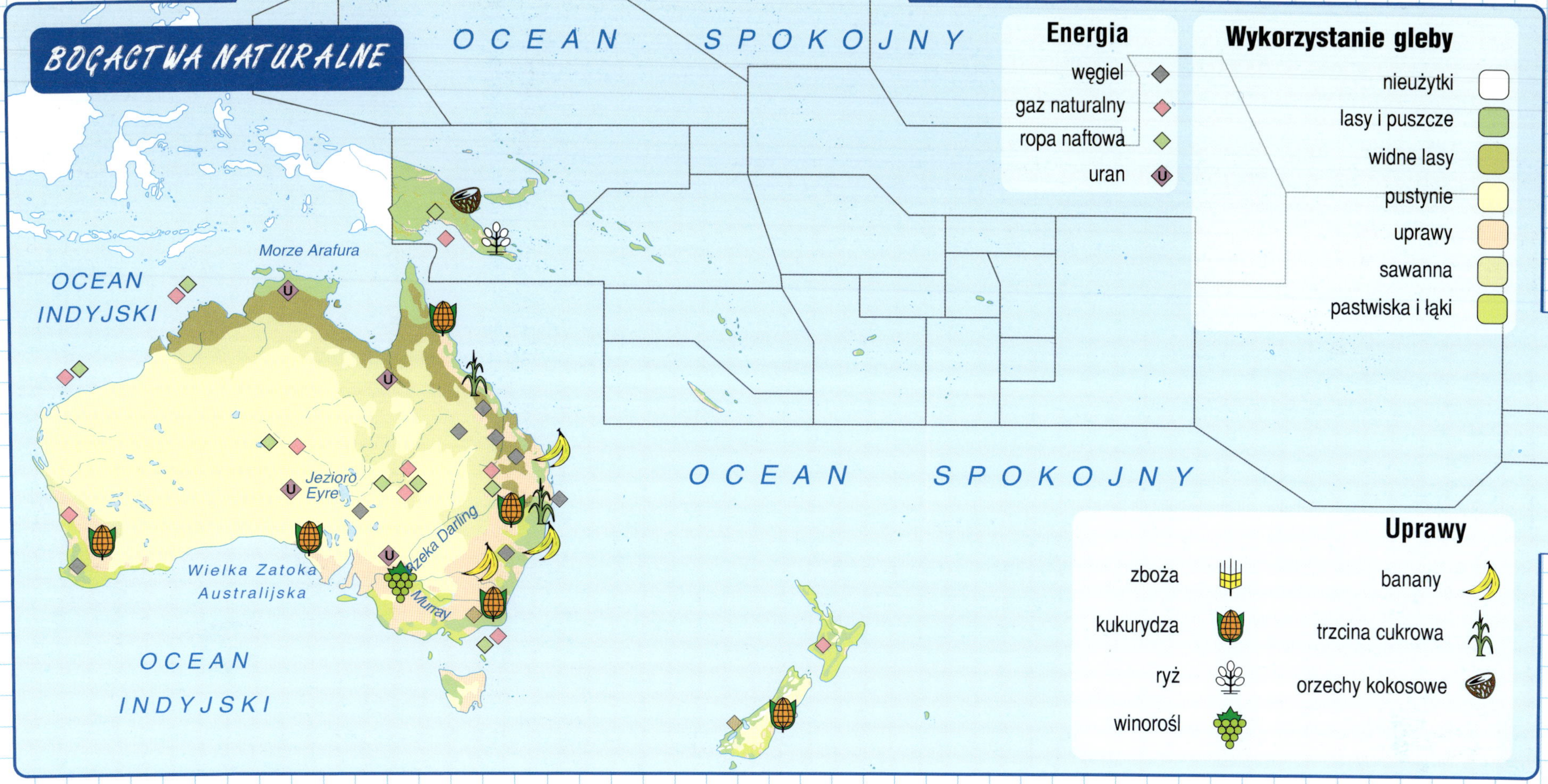

LUDNOŚĆ

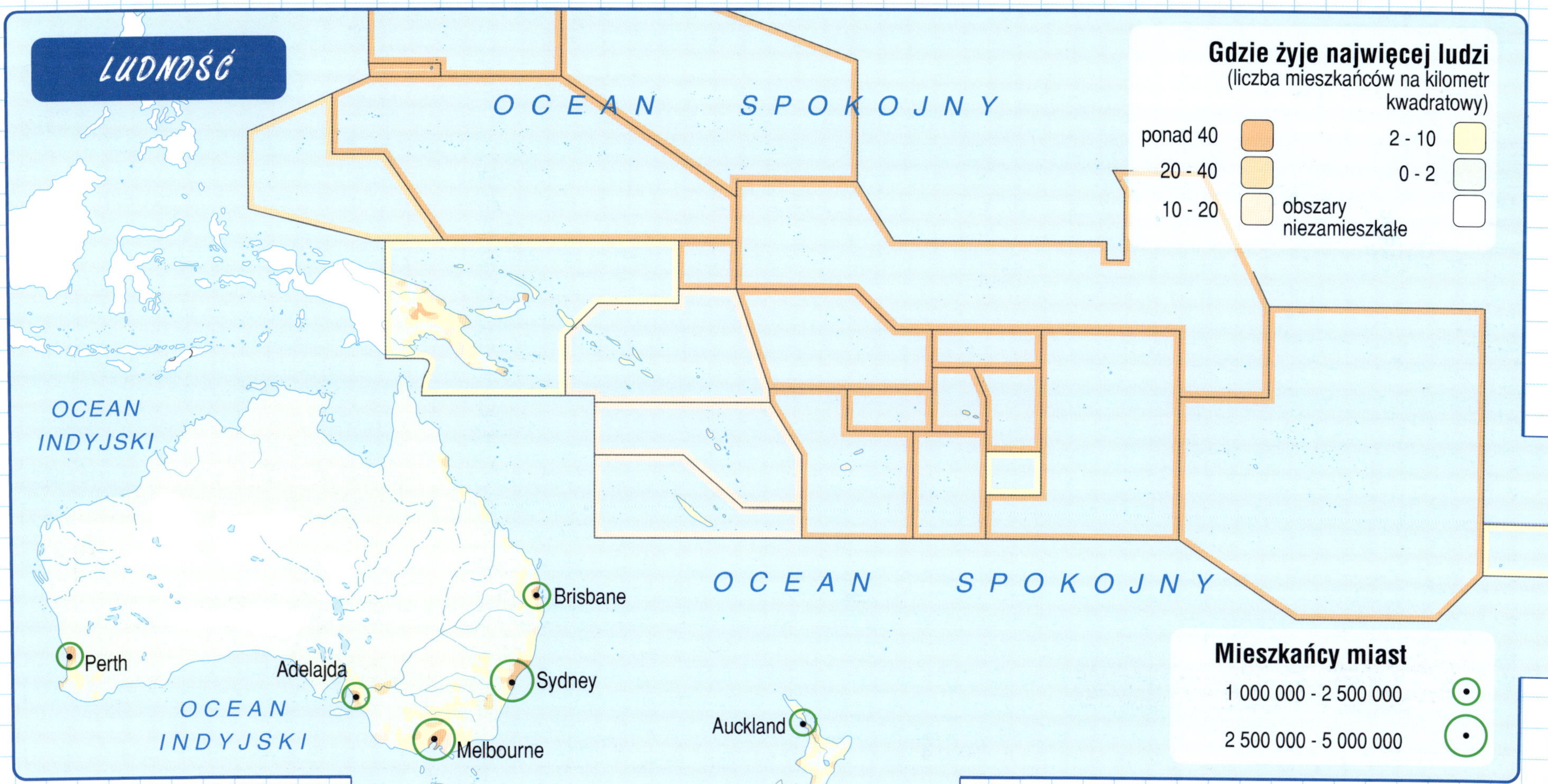

MAPA POLITYCZNA OCEANII
Minami-Tori
(Japonia)
WYSPA MIDWAY
Linia zmiany daty
HAWAJE
(Stany Zjednoczone)
Honolulu
Hawaii
Wake
(Stany Zjednoczone)
Johnston
(Stany Zjednoczone)
MORZE FILIPIŃSKIE
Mariany Północne
(Stany Zjednoczone)
Garapan
Guam
(Stany Zjednoczone)
MIKRONEZJA
WYSPY MARSHALLA
OCEAN SPOKOJNY
WYSPY YAP
SFEDEROWANE STANY MIKRONEZJI
Delap-Uliga-Djarrit
Melekeok
Palikir
Kingman
(Stany Zjednoczone)
Palmyra
PALAU
KAROLINY
MELANEZJA
SPORADY RÓWNIKOWE
Bairiki
WYSPY GILBERTA
Howland
(Stany Zjednoczone)
Równik
Yaren
NAURU
KIRIBATI
Jarvis
(Stany Zjednoczone)
Nowa Gwinea
Nowa Irlandia
Nowa Brytania
PAPUA NOWA GWINEA
WYSPY FENIKSA
POLINEZJA
Vaiaku
TUVALU
Honiara
WYSPY SALOMONA
Tokelau
(Nowa Zelandia)
Port Moresby
MORZE ARAFURA
SAMOA
Apia
Samoa Amerykańskie
(Stany Zjednoczone)
Pago Pago
Wyspy Wallis i Futuna
(Francja)
Darwin
Zatoka Karpentaria
VANUATU
NOWE HEBRYDY
MORZE KORALOWE
Cairns
Townsville
Nowa Kaledonia
(Francja)
Port Vila
WYSPY CHESTERFIELD
WYSPY LOJALNOŚCI
Nowa Kaledonia
Nouméa
VITI LEVU
Suva
FIDŻI
TONGA
Nukualofa
Niue
(Nowa Zelandia)
Wyspy Cooka
(Nowa Zelandia)
Avarua
Polinezja Francuska
(Francja)
WYSPY TOWARZYSTWA
Papeete
Broome
Alice Springs
AUSTRALIA
Zwrotnik Koziorożca
Jezioro Eyre
Brisbane
Carnarvon
Norfolk
(Australia)
WYSPY KERMADEC
(Nowa Zelandia)
Lord Howe
(Australia)
Broken Hill
Darling
Sydney
Canberra
Perth
Wielka Zatoka Australijska
Adelajda
Melbourne
MORZE TASMAŃSKIE
NOWA ZELANDIA
Wyspa Północna
Auckland
Wellington
Tasmania
Hobart
Wyspa Południowa
Dunedin
WYSPY CHATHAM
(Nowa Zelandia)
WYSPY BOUNTY
(Nowa Zelandia)
WYSPY ANTYPODÓW
(Nowa Zelandia)
AUCKLAND
(Nowa Zelandia)
Campbell
(Nowa Zelandia)
Macquarie
(Australia)
OCEAN INDYJSKI
a
Polinezja Francuska
(Francja)
Pitcairn
(Wlk. Brytania)
OCEAN SPOKOJNY
0 400 800 1200 1600 2000 km
Skala 1 : 42 000 000

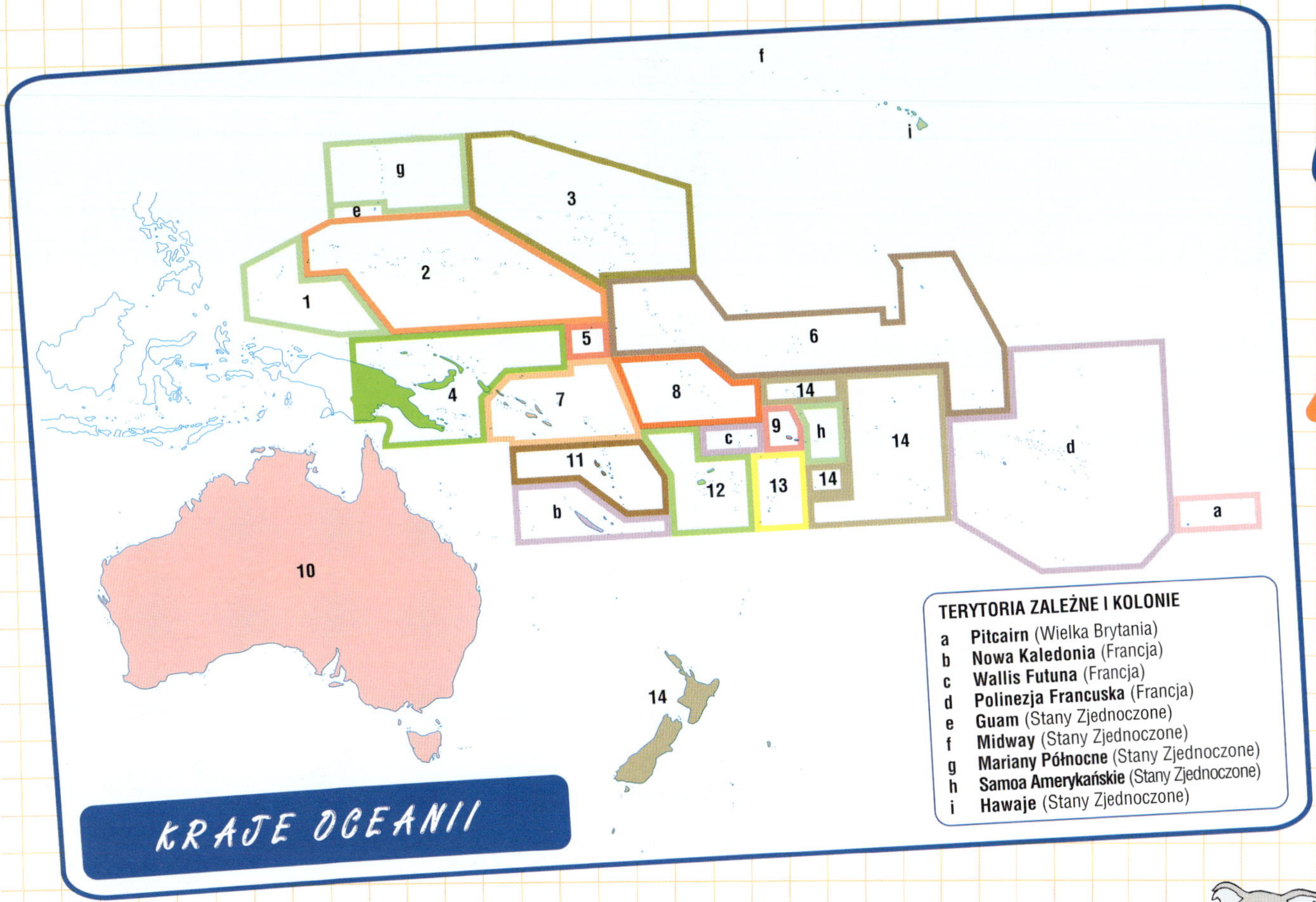

GEO... quiz!

1. Na Oceanie Spokojnym można znaleźć wielką wyspę, która należy zarówno do Azji, jak i Oceanii. Co to za wyspa?

A Nowa Gwinea B Nauru C Tasmania

2. Stolica Nowej Zelandii nosi nazwę od angielskiego arystokraty i wojskowego. Jak się nazywa?

A Canberra B Wellington C Yaren

3. Pod względem geograficznym Hawaje są częścią Oceanii, ale należą do...

A Japonii B Wielkiej Brytanii C USA

Czy wiesz, że...

Na wielkiej pustynnej nizinie w środkowej Australii znajduje się najbardziej znany na świecie monolit (czyli jednolity kamienny blok), Ayers Rock, olbrzymi czerwony piaskowiec, która wznosi się na wysokość 348 metrów i ma 8 km obwodu. Przez Aborygenów, którzy uważają tę skałę za miejsce święte, jest nazywany Uluru.

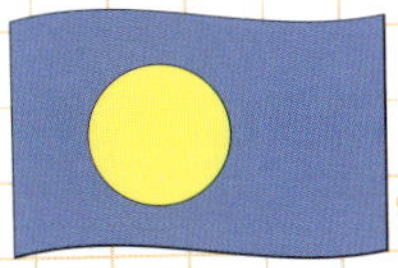

1

PALAU
Stolica: Melekeok
Mieszkańców: 20 518

2

MIKRONEZJA
Stolica: Palikir
Mieszkańców: 102 624

3

WYSPY MARSHALLA
Stolica: Majuro
Mieszkańców: 54 439

4

PAPUA NOWA GWINEA
Stolica: Port Moresby
Mieszkańców: 6 888 387

5

NAURU
Stolica: Yaren
Mieszkańców: 9976

6

KIRIBATI
Stolica: Bairiki
Mieszkańców: 100 835

7

WYSPY SALOMONA
Stolica: Honiara
Mieszkańców: 535 699

8

TUVALU
Stolica: Vaiaku
Mieszkańców: 11 149

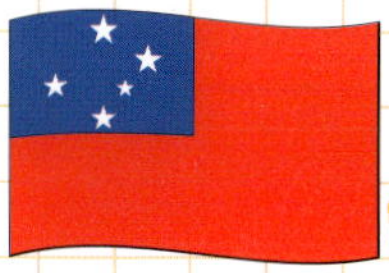

9

SAMOA
Stolica: Apia
Mieszkańców: 187 032

10

AUSTRALIA
Stolica: Canberra
Mieszkańców: 22 405 595

11

VANUATU
Stolica: Port Vila
Mieszkańców: 245 786

12

FIDŻI
Stolica: Suva
Mieszkańców: 854 098

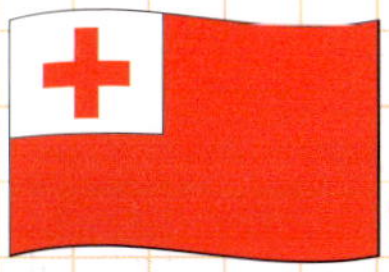

13

TONGA
Stolica: Nuku'alofa
Mieszkańców: 104 260

14

NOWA ZELANDIA
Stolica: Wellington
Mieszkańców: 4 367 700

Ciekawostka...

Na Biegunie Północnym nie występują lądy, a pokrywa lodowa, na której żyją niedźwiedzie polarne, jest zamarzniętą wodą Oceanu Arktycznego. Pokrywa lodowa ma powierzchnię około 15 milionów kilometrów kwadratowych zimą i 3,5 latem i zmniejsza się w wyniku globalnego ocieplenia. Arktyka nie jest zatem kontynentem, ale całością mórz i północnych obszarów Azji, Ameryki i Europy.

Czy wiesz, że...

Antarktyda, która rozciąga się wokół bieguna południowego, jest prawdziwym kontynentem o powierzchni większej niż Europa: ma około 14 000 000 kilometrów kwadratowych, z których 13 720 000 kilometrów kwadratowych jest pokrytych lodem, a 280 000 wolnych od lodu. Jest najzimniejszym kontynentem na Ziemi i domem dla licznych stacji badawczych, w których badane są temperatury i klimat.

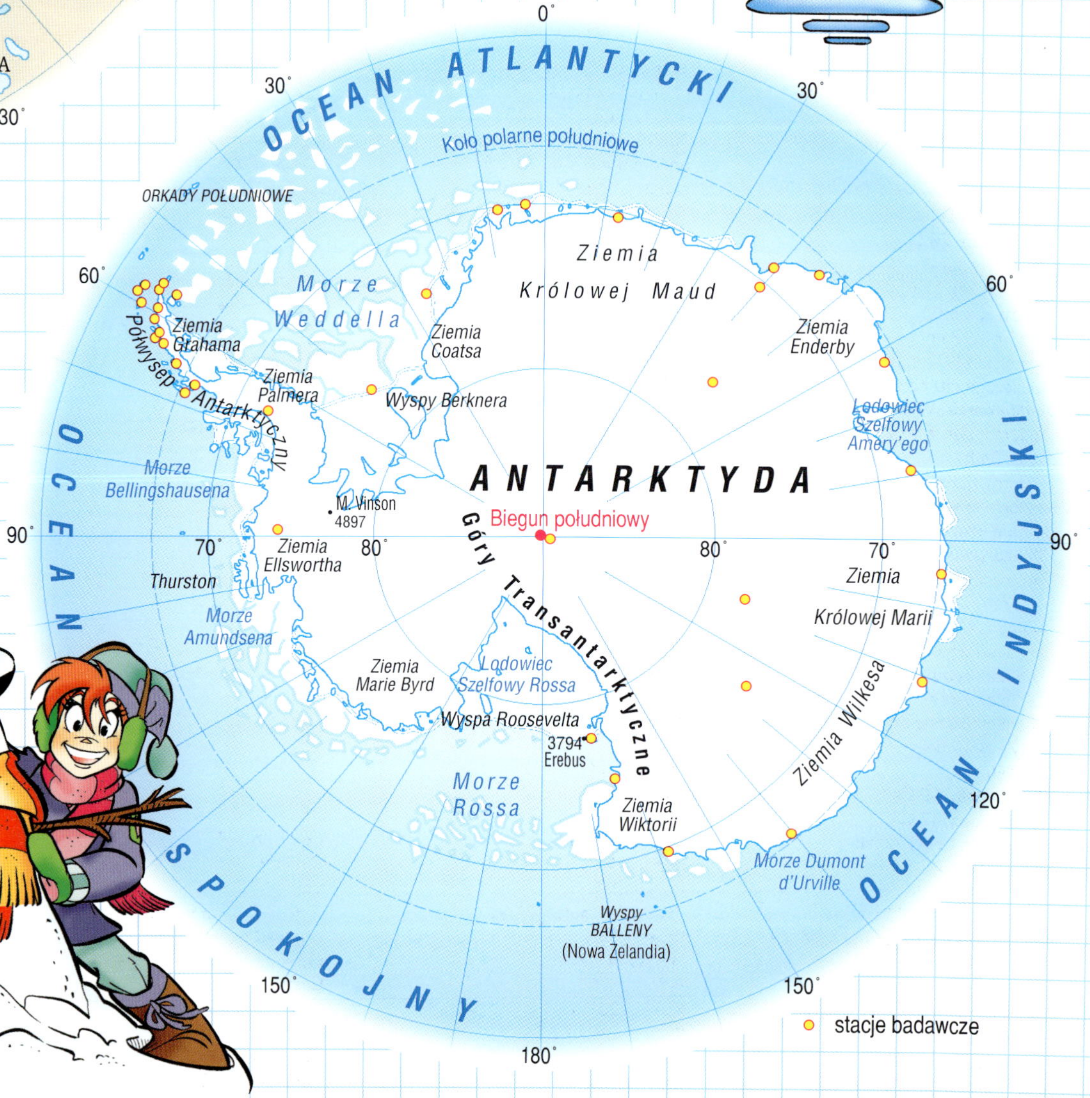

OBSZARY POLARNE

0 500 1000 1500 km

Skala 1 : 50 000 000

Indeks

A

B

C

D

E

F

N

O

P

Q

R

S

Rozwiązanie GEO... QUIZU!

EUROPA (strona 29)
1. B Holandia
2. C Pireneje
3. A Berlin

EUROPA (strona 31)
1. B Przylądek Północny
2. A Praga
3. C Czarnego
4. B Czarnogóra

AZJA (strona 37)
1. B Kaspijskie
2. A Irak
3. C Afganistan
4. B Cypr

AZJA (strona 39)
1. B Chiny
2. A Tokio
3. C Sri Lanka
4. B Singapur

AFRYKA (strona 45)
1. C Senegal
2. C Nil
3. B Śródziemnym
4. C Rabat

AFRYKA (strona 47)
1. C rzeki
2. B Atlantycki
3. A Madagaskar
4. C Nairobi

AMERYKA PÓŁNOCNA (strona 53)
1. C Grenlandia
2. B Waszyngton
3. A Panama
4. C Karaibskie

AMERYKA POŁUDNIOWA (strona 59)
1. B Chile
2. A Atlantyckiego
3. C Kajenna
4. A Salto Angel

AUSTRALIA I OCEANIA (strona 63)
1. A Nowa Gwinea
2. B Wellington
3. C USA